ドイツの挑戦

エネルギー大転換の日独比較

Fumikazu Yoshida
吉田文和

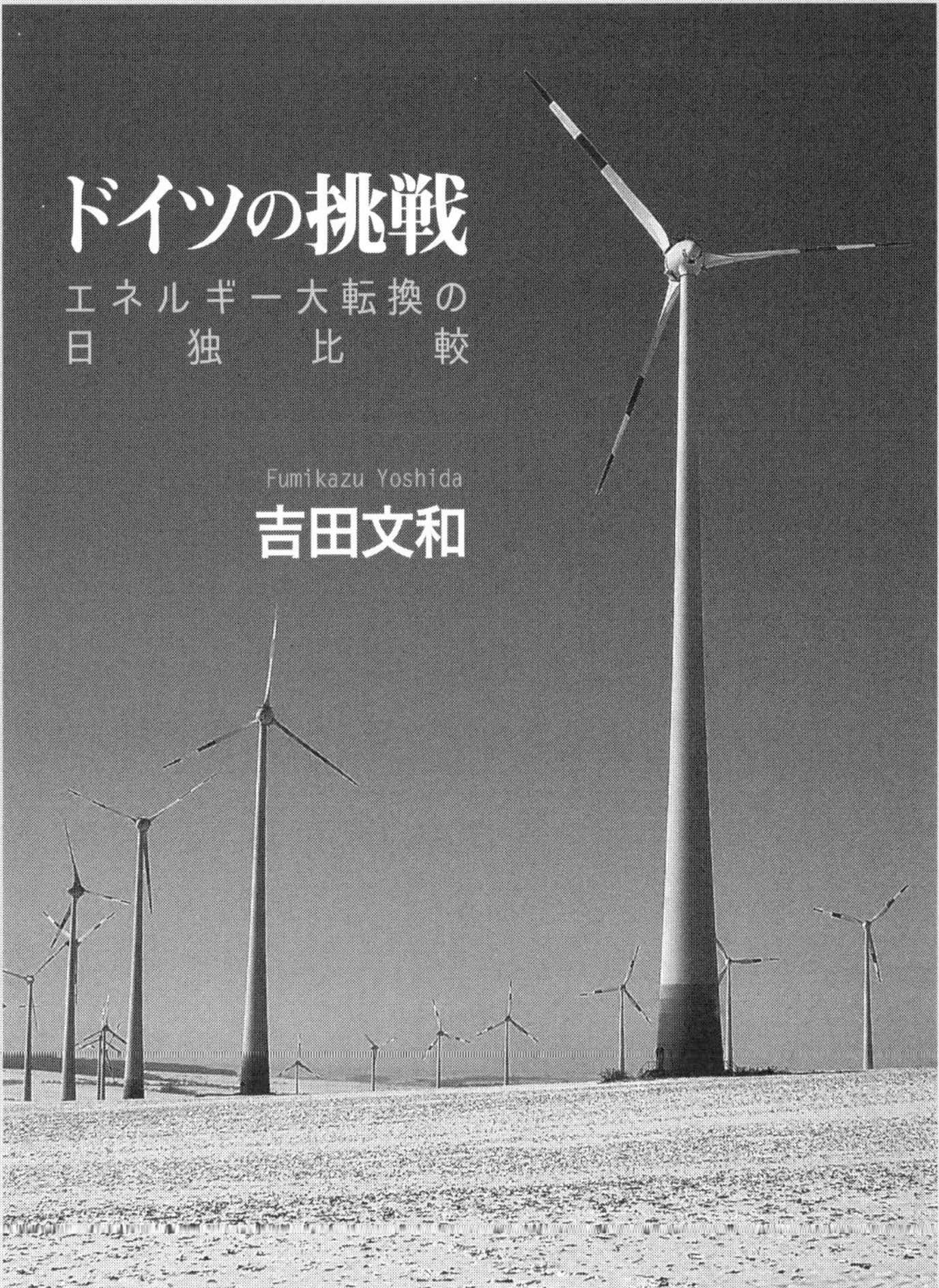

日本評論社

はじめに

0・1　本書の目的と方法

日本のこれからのエネルギーをどのように賄うのか。東京電力福島第一原子力発電所の事故から5年近くたつなかで、日本の「ゼロ原発」が2年続き、原子力発電なしでも日本の電力が十分賄えることが明らかになった。しかし、電気料金の値上げとCO_2発生増加に対処するなどという理由で、原子力発電所の再稼働が進められている。

これに対して、福島原発事故を最終的なきっかけとして、脱原発を決めたドイツは2022年までに最終的な「ゼロ原発」を目指すとともに、再生可能エネルギーと省エネの徹底による「エネルギー大転換」を進めている。

日本とドイツは戦後、世界第一級の工業国に成長し、両国ともに核武装を行わず、原子力の民生利用を進めてきた。しかし、日本は福島原発事故を経たあと、再び原子力発電所を稼働させる方向に進み、これに対してドイツは脱原発を段階的に行おうとしている。この違いは、いったいどこから来ているのか。とくに、ドイツは原子力の代わりに、再生可能エネルギーの拡大と省エネを抜本的に進める「エネルギー大転換」を目指している。日本には、この見通しはないのか。

以上のような問題意識から、本書はドイツの脱原発の理由と経過、原発の停止・廃炉・解体・放射性廃棄物問題を詳しく検討し（第Ⅰ部）、さらに「エネルギー大転換」の計画と現状・見通し（第Ⅱ部）、再生可能エネルギーと地域経済活性化など（第Ⅲ部）を明らかにしようとするものである。脱原発と「エネルギー大転換」の各々において、日本の現状、とくに北海道の事例との比較を行いながら、日本に教訓となることがらを明らかにしたい。

方法として、日独両国のエネルギー政策の過去・現在・未来について、できるかぎり、現地調査と関係者への聞き取り、文献・統計の調査に基づいて検討していきたい。

本書の結論として、ドイツがこの間学んだ最大の教訓は、「関係者の参加と透明性」による合意形成であり、時間がかかっても、この原則に基づくことが事態を進展させるためのカナメであるということである。ドイツも放射性廃棄物問題で、この原則に立ち戻らざるを得なくなっている。また、「関係者の参加と透明性」の確保、ならびに、その前提として、「事実と論理性」、「長期的見通しと戦略性」、「公論と公論形成」、「リスクの捉え方」の5つが、日本がドイツから学ぶことができる点である。

もちろん、ドイツが解決を迫られている課題も少なくない。公共交通機関の整備、フォルクスワーゲンの排ガス不正問題に象徴される「自動車大国」の問題など、日独が省エネなどで経験交流できる分野も多くあることは言うまでもない。

0・2 なぜ日独比較か？

第二次世界大戦から70年がたち、敗戦後、日本とドイツは、ともに非核武装のもとで、経済復興をとげ、世界第一級の工業国となった。イギリスとフランスが戦勝国となり、戦後には独自核武装に力を注ぎ、結果として工業国の地位を低下させたのに対して、ドイツと日本は核武装を行わず、工業国としての立場を確立した。とくにドイツは東西分割後、EUの枠組みのもとで、再統一を果たした。日独両国には戦前の近代化プロセスや第二次世界大戦の同盟関係など類似性と協力関係があり、戦後もアメリカとの同盟関係のもとでの復興プロセス、そして原子力の民生利用など、多くの類似性がある。さらに、両国は少子高齢化による社会構造の変化と原子力発電や放射性廃棄物問題など共通の課題を抱えている。

しかし同時に、今後の原子力の扱いや歴史認識問題、近隣諸国との関係、財政赤字問題や構造改革問題など、日独両国の政策的対応の違いも明らかになっている。とくに、2011年3月11日の福島第一原子力発電所の事故をきっかけとして最終的に脱原発を決めたドイツに対して、当事者の日本は、依然として原子力を重要なベース電源として位置づけている。また、ドイツは近隣のポーランドとフランスとの歴史的和解をとげ、新たにEUの枠組みのなかで、通貨統合や難民問題への対応などにより政治的にも経済的にもリーダーシップを取り、またそれを期待されており、統合のメリットを活かしているのに対して、日本は、中国と韓国との歴史認識問題をいまだに解決できず、アジアにおける経済的および政治的地位を相対的に低下させている。

もちろん、日独両国の戦後プロセスを見ると、東西分割され連邦制となったドイツと、アメリカの間接統治のもとで民主化されたが中央集権制度の残った日本との制度枠組みの違いは大きい。また脱原発といっても、30年以上にわたり原子力発電や核兵器配備をめぐる長い論争と紛争を経て、最終的に福島原発の事故が決め手となって脱原発を決めたドイツに対して、日本はアメリカの核の傘のもとで、国のエネルギー政策と補助金政策によって「原子力は安い」「原子力は安全だ」といって全国19原子力発電所に54基の原子炉を配置してきた。ドイツの場合、連邦制の採用が政治制度のみならず、社会制度と経済制度にも意味を持ち、原発と立地許可プロセスや、再生可能エネルギーの地域分散利用においても、州政府や基礎自治体が重要な役割を果たしてきた。

この日独両国の違いは大きい。しかし、現実を見ると、2022年までの脱原発を決めたがいまだに8基の原発が稼働しているドイツに対して、日本は脱原発を決めてはいないが、ゼロ原発が続き、福島の事故以来、電力消費10％減を達成している。

ドイツは政策を決めるに当たり、目標について関係当事者間で原理的問題を含めて徹底的に議論し、目標に対応した政策枠組み制度をつくり、政策を体系的に展開するという、演繹的、論理的展開を図るところが特徴的であり、「関係者の参加」と「透明性」による合意形成が政策当事者の教訓となり、そのための制度づくりが様々に行われてきた（例えば、第Ⅰ部第3章「放射性廃棄物問題」32頁を参照）。この点を日本はドイツから大いに学ぶ必要がある。

日本は政策決定の方法、「決め方」が不透明であり、責任の所在もあいまいで「無責任の体系」（丸山眞男「超国家主義の論理と心理」『世界』1946年5月号）と指摘される政治システムの問題が改めて問われているのである。戦前以来の一点突破主義（ゼロ戦、戦艦大和を見よ）により、攻撃中心で防御が弱く、人命軽視でリスク評価・管理が甘く、事実と事態の客観的評価と見直しが十分できない、という日本の社会制度的弱点が、原子力問題でも示されているのである（齊藤誠『震災復興の政治経済学』日本評論社、2015年が、過大な震災復興対応と過小な原発危機対応を指摘している）。

なぜ脱原発なのかについての議論の掘り下げも、両国では大きく異なっている。ドイツではアンゲラ・メルケル（Angela Merkel）首相によって「安全なエネルギー供給に関する倫理委員会」が設置されて、徹底した議論のもとで、脱原発を社会的倫理的に根拠づける報告書が作成された（吉田文和＋ミランダ・シュラーズ訳『ドイツ脱原発倫理委員会報告』大月書店、2013年）。日本で脱原発の方向性が出せないのは、以上のような理論的な検討と、それを支える脱原発や再生可能エネルギー・省エネの市民運動の展開が不十分なため、原発利益共同体の産業政策を継続させる政治姿勢を変えられないでいるからである。ドイツから日本が学ぶことができるのは、こうした点である。

他方において、日本には新幹線などの整備された公共交通網や、各種の進んだ省エネ技術といった、ドイツと比べて優れた制度、技術、国民の取り組みがある。こうした面での交流を続けて、日本の制度と経験を普及、輸出できる側面がある。したがって、日本がドイツから学ぶとともに、ドイツが日本から学び、交流できる分野も大きいのである。

0・3　ドイツのエネルギー戦略

ドイツが脱原発を行い、かわりに再生可能エネルギーと省エネの徹底を図る戦略は、「エネルギー大転換（Energiewende）」という。それには3つの理由と内容がある。

第1に、原子力を段階的計画的に停止し、かつ同時に温室効果ガスの排出も減らすために、再生可能エネルギーの本格的な導入と省エネルギーを大きな政策目標に掲げているからである。そのためには、同時に送電網の拡充整備が必要となる。

第2に、巨大な発電所による集中型のエネルギー供給から、エネルギーの消費者自身が生産者になるという分散型のエネルギー供給が行われるようになってきたからである。これは家庭用の太陽光発電などの事例でも明らかである。

第3に、これまでのようにエネルギー需要に追従するのではなく、むしろエネルギー需要を管理するデマンドサイド・マネジメント（需要側管理）によって省エネルギーを行う新しいエネルギー管理への転換を目指すからである。

このようにして、エネルギー供給の分散化がエネルギー生産への個人の参加を進め、地域経済の活性化を促すのである。発電分野からのCO_2削減のみならず、住宅の断熱や交通分野からのCO_2

削減など、これまでの社会システムと技術の大転換が必要だが、ドイツはこの方向に進むことが長期的に見れば、環境を保全し、温暖化と原子力のリスクを減らし、エネルギーの安定供給を確保し、経済と技術の競争力を強め、雇用を拡大し経済を活性化すると考えて計画・実施している。

環境対策は経済成長を妨げるといわれるが、これに対して「環境対策の費用の逆説」と呼ばれる効果があり、環境対策による資源節約効果、環境投資誘発効果、輸出競争力効果があると指摘されており（大熊一寛『グリーン成長は可能か？』藤原書店、２０１５年、第3章）、ドイツの「エネルギー大転換」はまさにそれを狙ったものである。

重要な点は、この「エネルギー大転換」は、グローバルな視点から位置づけられており、ＥＵレベルからさらに中国やインドなどのCO_2排出大国をも視野に入れた世界的な戦略性を持っていることである。ＥＵは２０１４年10月に２０３０年までに温室効果ガスを１９９０年比で40％削減する提案を行い、さらに２０５０年までに60％削減という目標を検討している。その背景にはエネルギーの安定供給、環境保全、国際競争力の確保という3つの戦略目標がある。とくにその場合、エネルギーの40％は熱分野であり、一次エネルギー供給のうち25％近くを送電ロスや断熱不十分により損失しているという事実を踏まえて、ＥＵレベルでの「熱戦略（Heat Strategy）」を作成する方向に動いている。脱炭素化の技術開発を促進し、廃熱の有効利用、蓄熱の利用などを目指し、関係者との協議を実施し、融資面での制度化を行い、既存設備・建物のイノベーションを促進する制度化を追求し、経済成長と雇用をつなげる戦略を検討し始めている。ドイツもその流れのなかに位置づけられ、ドイツがEU全体に一層のCO_2削減と再生可能エネルギー政策の実施を要求し、逆にEUが電力自由化、競争促進をドイツに要求するという、政策の相互浸透が見られる。

さらに「エネルギー大転換」は、世界一の温室効果ガス排出国となった中国やインドとの協力関係を視野に入れて、ドイツの先行的市場と技術の開発と普及、技術輸出、人材育成を図る戦略でもある。すなわち、再生可能エネルギー、省エネ、インフラ整備でドイツがリーダーシップをとる狙いがある。例えば、ドイツは環境分野のリサイクル関連技術（例えば塩ビ選別装置など）において、循環経済・廃棄物法の制定（１９９４年）と技術開発で世界に先行して、自国の技術を世界に普及してきた経験がある。ドイツが再生可能エネルギーとインフラ分野における技術革新で、エネルギー自立を果たして、世界の標準をつくり、リーダーになろうとしていることに留意する必要がある。アメリカのオバマ政権も２０１５年8月に「クリーンパワー計画」を発表し、石炭火力発電への規制とガス化シフト、再生可能エネルギー拡大、省エネ計画、排出量取引の設定等、多様なインセンティブを州に提供する。アメリカ版「エネルギー転換」計画である。

一方、日本は、個別技術において、例えば蓄電池やベアリング（風力発電用）、新幹線などでは、優れた成果を生み出しているにもかかわらず、エネルギー分野では風力などの再生可能エネルギーで、国内市場の狭さもあってリーダーシップを取れないでいる。いやむしろ、アメリカやドイツが展望を持てず放棄した分野である原子力や再処理にいまだに固執しているのである。

図１　「エネルギー大転換」の期待される波及協同利益

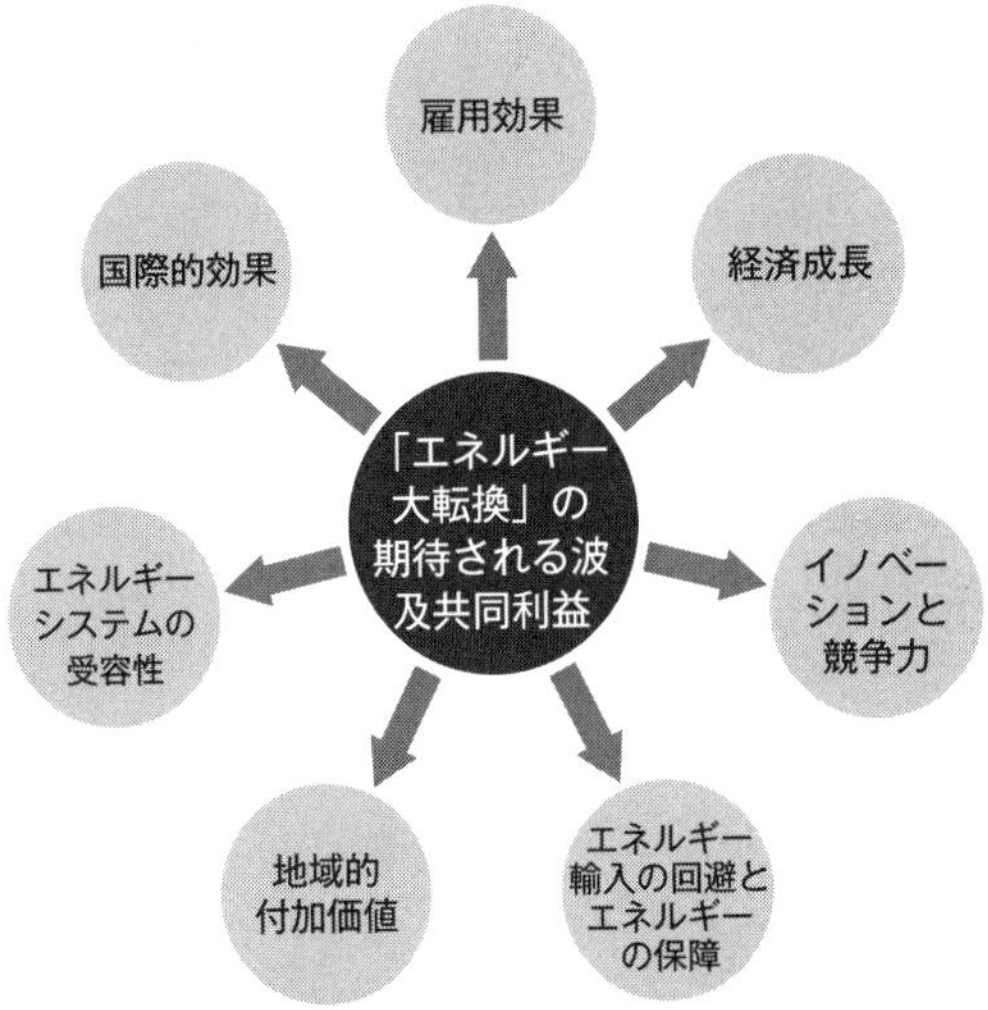

出典：DIW Berlin, Politikberutung Kompakt 93, 2015, figure 5-1

0・4　戦後原子力利用の歴史 ——日独の経緯

これらの制度枠組みの違いを踏まえて、戦後の原子力開発に関する政治過程や推進体制について検討したい。両国ともに、アメリカのアイゼンハワー大統領が行った、原子力の民生利用提案（Atoms for Peace, 1953）を受けて、非独自核武装路線でハイテクとしての原子力開発を行うことになったところは同じである。しかしドイツでは、個別の原発立地地点での反対運動が多発し、核燃料再処理施設建設の失敗・放棄と、ゴアレーベンなどへの核燃料運搬に対する反対運動が起き、国内での再処理を断念せざるをえなくなった。さらに１９８６年のチェルノブイリ原子力発電所事故で、ドイツ南部に放射能被害が実際に起きたことが社会民主党（Sozialdemokratische Partei Deutschlands：ＳＰＤ）や労働組合内での原子力論争を促し、緑の党の支持基盤を広げた。ドイツの反原発運動は、行政裁判所による積極的な司法審査や社会民主党・労働組合内の原子力論争を促し、１９８０年代初めには「新冷戦」下の反核平和運動との連携や緑の党の結成にもつながった（ヨワヒム・ラートカウ＋ロータル・ハーン『原子力と人間の歴史』築地書館、２０１５年）。

これに対し、日本では社会党・総評系の原水爆禁止国民会議が反原発住民・市民運動を早くから支援した。むしろドイツの反核運動の方が、原発問題に取り組んだのが遅かった。しかし日本の問題は、原水禁の基盤となっていた総評・社会党が、原発推進派の労組・政党と統合して「連合」と民主党を結成したこと、また労組とは独立した住民・市民運動が弱かったことである。司法も原発訴訟の審査に消極的だった（若尾祐司・本田宏編『反核から脱原発へ』昭和堂、２０１２年）。

原発推進体制については、ドイツは、地方分権制度によって各州の許認可権限が強いのに対して、日本は国の計画と許認可権限が大きく、さらに電源三法の補助金による地域開発（田中角栄の日本列島改造論を想起されたい）、公共事業としての原発開発立地が推進された。原子力に関する規制制度に関しては、日本では「安全神話」が形成され、電力会社に規制側が取り込まれ、過酷事故対策は自主的取り組みに任された。ＩＡＥＡ（国際原子力機関）も、事故の主な要因として「日本に原発は安全だという思い込みがあり、原発の設計や緊急時の備えなどが不十分だった」（IAEA.

The Fukushima Daiichi Accident, 2015）と指摘している。

原子力と経済団体の関係については、ドイツが原子力事業の採算性を重視し、また再生可能エネルギーと省エネに経済的チャンスを見出すのに対して、日本は再生可能エネルギーの個々の技術要素を持つものの、原発への投資額が多く、既得権益も強く、脱原発に新方向を見出せずにいる。むしろ、アベノミクスの第三の矢「経済成長戦略」の柱に原発再稼働と原発輸出が位置づけられている。原発メーカーの経営者が、政府の経済財政諮問委員会の民間議員になった結果でもある。しかしそのメーカーが「原子力と半導体」に「選択と集中」を行い、業績を悪化させ、それを「不適切な会計処理」で対処しようとしたため、いま企業と経営者の社会的責任が厳しく問われているのである。「不適切な会計」の本質は、第三者委員会のいう1562億円ではなく、アメリカの原発メーカーであるウエスティングハウスの「のれん」価値（買収価格が純資産額を上回る）が4011億円の全額減損（つまり過大な買収価格による損失）にあると指摘されている（細野祐二「東芝粉飾決算事件の真相と全容」『世界』2015年9月号、「不正の動機は何か、6600億買収の誤算」『日経ビジネス』2015年8月31日号参照）。

0・5 再生可能エネルギー拡大への取り組み

ドイツは1991年に電力供給法、2000年に再生可能エネルギー法（Erneuerbare-Energien-

Gesetz：EEG）という制度をつくり、再生可能エネルギー利用を拡大してきた。その結果、２０１４年には再生可能エネルギー比は電力で27・８％（最終消費）になり、単独の電源としては褐炭を抜いて第一位となった。ＥＥＧは再生可能エネルギーの種類別に買取価格を決め、20年間買い取ることを保証する固定価格全量買取制度（ＦＴＩ）で、しかも優先的に接続されるので、当初は太陽光の買取価格が高く設定された。そのために、個人や農家の屋根に太陽光パネル、そして大規模なメガソーラーが普及した。同時に風力発電も普及した。

しかし、２０１３年には家庭用電力価格が29セント／ｋＷｈになり、そのうち再生可能エネルギー賦課金は５・28セントで、それ以外の負担金（送電料、付加価値税、洋上風力賦課金など）と合わせ、電力料金の約半分を占めた。標準1家庭の負担額は年間約２１５ユーロ（約2万８０００円）になる。そのため負担額を抑える必要が生じ、ＥＥＧについては２０１４年に法改正が行われ、各種の再生可能エネルギー買取価格を引き下げ、コントロールする制度改革を行った。

他方で、北海の洋上風力発電などによる電力を原発が立地する南部に送る送電網建設が予定通りには進まず、また再生可能エネルギーを補完する調整電源を用意する制度づくりが課題となっている。

ドイツの再生可能エネルギーによる国内波及効果は大きく、40万人近くの関連する雇用が生まれたといわれ、風力発電、太陽光、バイオマスの関連産業が輸出産業としても育っている。また再生可能エネルギーの設備は、市民所有のものが約半数を占め、再生可能エネルギーの利害関係者が普通の市民レベルまでに広がっていることがＥＥＧ制度を支えているのである。２０２２年夏には再生可能エネルギーによる電力で１００％を賄う見通しである。

これに対して、日本は東日本大震災が発生した２０１１年3月11日午前の閣議決定で再生可能エネルギー電力の固定価格買取制度（電気事業者による再生可能エネルギー電気の調達に関する特別措置法、ＦＩＴ制度）導入が決められ、２０１２年夏から実施された（それ以前からも余剰発電の買取制度は存在していた）。2年たって認定を受けた太陽光が95％を占め、しかも認定だけを受け稼働しないものも多く、運転開始率が2割程度となった。しかし認定を受けた太陽光の発電設備能力の単純合計が九州電力管内で既設の発電設備容量を上回るところが出てきたため、再生可能エネルギーの出力抑制が行われるという事態となった。これは日本のＦＩＴ制度の基本的な制度設計上の問題に起因している（第Ⅱ部で詳述する）。

他方では、電力自由化（２０１６年）と発送電分離（２０２０年）がすでに決められており、今後の制度設計次第で再生可能エネルギー導入の方向性が示される。とくに、日本の中央部に位置する中3社といわれる東京電力、中部電力、関西電力エリアは再生可能エネルギーの受け入れ余地が大きく、発送電が分離され、送電系統が充実されれば、北海道電力、東北電力、九州電力などの再生可能エネルギーのポテンシャルの高い地域からの送電余地は大きく、出力抑制の必要性は少なくなる。実際、東京電力は同じ周波数（50ヘルツ）の北海道電力、東北電力管内からの再生可能エネルギー電力の受け入れ拡大を検討している。

0・6　省エネ・エネルギー効率の抜本的改善

ドイツの「エネルギー大転換」の二本柱は、再生可能エネルギーとエネルギー効率の抜本的改善である。再生可能エネルギーの拡大はほぼ予定通り進んでいるものの、エネルギー効率改善は進んでおらず、むしろ熱分野や交通分野のエネルギー利用は減るどころか、増大している。実態は以下のようである。

現状のデータと各年の目標を比べてみると、一番目標に近いのは、再生可能エネルギーの一次エネルギー比率が２０２０年目標18％に対して、２０１３年に12％であり、電力消費に対する比率が２０２０年35％目標に対して、２０１３年に25・４％、２０１４年には27・８％（最終消費）となり、最大の発電源となった。さらに２０１５年７月25日、ドイツ国内の太陽光と風力発電の電力需要に占める割合が過去最高の74％を記録した。これにバイオマスと水力を加えた再生可能エネルギーの合計は推計で78％である。

これに対して、CO_2などの温室効果ガスの削減目標達成は大変厳しい状況である。２０２０年40％削減（１９９０年比）に対して、２０１３年は22・６％である。とくに熱需要が２０２０年20％削減目標なのに対してプラス０・８％と増えており、交通分野でも２０２０年10％削減目標に対して１％増加しており、熱分野と交通分野の省エネが急務であることは明らかである（BMWi, *Die Energie der Zukunft*, 2014, S. 11)。一人当たりのCO_2排出を日独で比べると、日本が製造業

表１　一人当たりエネルギー消費の日独比較

（単位：CO_2kg／一人／年）

	燃料からのCO_2排出	内訳			
		電気と熱生産	製造業	交通（内道路）	その他（内住宅）
日本	9591	4439	1879	1691（1521）	1246（451）
ドイツ	9220	4082	1364	1797（1735）	1676（1133）

出典：IEA, CO_2 Emission from Fuel Combustion 2014, p.87

で多いのに対して、ドイツは交通と住宅の分野で多いことがわかる（表1参照）。

とくに、熱利用の中心を占める暖房関係の熱について、新築の建物の断熱基準は厳しく定められ、効果をあげているものの、既設の建物の断熱改造をいかに進めるかが大きな課題となっている。改造のための補助金制度の充実とともに、アパートなど建物の所有者が断熱改造を行えば、高い賃料を得ることができるというようなインセンティブが重要である。

交通分野からのCO_2排出削減も不可欠である。ドイツは高速道路に比べて鉄道分野への投資が相対的に遅れ、新幹線専用の軌道がなく、貨物列車と乗り入れしているなど、利便性の面で整備が遅れている。とくにEUの東方拡大とドイツからの投資にともなう労働力とトラック輸送の増加に対して、通行税なども導入されようとしているが、抜本的な対策が打てていない。ドイツの温室効果ガス削減計画にとって避けて通れない分野であり、日本などとの協力ができる分野である。

これに対して日本は、ゼロ原発が続き、原発なしでも日本の電力が賄えることがはっきりしたが、CO_2排出量の拡大と化石燃料代金の負担増加が問題となっている。そこで、日本においても再生可能エネルギーと省エネを二本柱とする「エネルギー大転換」が必要となっている。日本のエネルギーバランスを見れば、一次エネルギー供給の10％を原発が占めていた。さらに発生したエネルギーの4分の1が消費されずに無駄になっているので、省エネの余地がまだまだある。

とくに発電の廃熱を暖房に利用する熱電併給（Combined Heat and Power：CHP）の利用拡大によるエネルギーの効率的利用、スマートグリッド利用による電力利用の平準化など、様々な省エネの方法がある。建物の断熱基準も抜本的に改善して、既存分も含めた省エネ基準を設定すれば、断熱改造など関連雇用の増加につながる。家電製品などのトップランナー方式（最も性能の良い製品を基準とする）は、ドイツが評価する日本の省エネ促進制度であり、一層進化させる必要がある。

日本は、キャッチアップが得意であり、枠組みと目標が決まれば、比較的短期間に追いついてきた経験を有する。してみれば、問題は日本の今後の世界戦略にあり、このままずるずると後退を続けるのではなく、ここで体制を立て直し、戦略を練り直すことが必要なのである。原子力にとらわれることなく、今後の成長分野と日本の得意な分野に注力することである。省エネと再生可能エネルギーの分野では、技術こそあるものの、国内市場が狭く、それを育てることが十分でなかった。イノベーションは具体的な課題、制約があってこそ実現されるものであり、「制約なくして革新なし」を心に刻むべき時である。

ドイツの挑戦――エネルギー大転換の日独比較　■目次■

第3章　ドイツの熱電併給（CHP）制度と現状　130

第 I 部

原子力と脱原発

第1章 ドイツ脱原発の「なぜ」と「どのように」

1・1　はじめに

新幹線が事故を起こさずに3分間隔で走行する「高度に組織されたハイテク国家日本」（倫理委員会報告書「ドイツのエネルギー大転換――未来のための共同事業」）で起きた福島の事故はドイツに大きな衝撃を与えた。ドイツでは事故後、連日のように、福島原発の水素爆発の場面がテレビで放映されていた。

福島原発事故から4年たった2015年3月に来日したドイツ、アンゲラ・メルケル首相は講演（2015年3月9日）で、福島第一原発事故について「（事故の映像が）今も私の目に焼き付いている」と述べ、「日本国民が団結して復興に取り組む姿に感銘を受けている」と語った。さらに、「私は長年、核の平和的な利用には賛成してきました」としたうえで、脱原発を決意した理由についてこう述べた。

「私の考えを変えたのは、やはり福島の原発事故でした。この事故が、日本という高度な技術水準を持つ国で起きたからです。そんな国でも、リスクがあり、事故は起きるのだということを如実に示しました。私たちが現実に起こりうるとは思えないと考えていたリスクがあることが分かりました。だからこそ、私は当時政権にいた多くの男性の同僚とともに脱原発の決定をくだしたのです。ドイツの最後の原発は2022年に停止し、核の平和的利用の時代が終わって、私たちは別のエネルギー制度を築き上げるのだという決定です。」（『朝日新聞』2015年3月10日付）

1・2　「なぜ」脱原発か？

このように2022年までにドイツが原子力発電所を全廃するという方針は、福島第一原子力発電所の地震・津波による事故を直接の契機としているが、1986年のチェルノブイリ原子力発電所の事故によるドイツにおける放射能汚染がもともとのきっかけである。1998年からの社会民主党と緑の党の連立内閣時代の2002年に、2022年までに原子力発電所を廃止するという立法がなされていたので、今回は、それに戻る決定である。のちに説明する「経路依存性」（歴史的経過）の重要性である。

メルケル首相が組織した17名からなる安全なエネルギー供給に関する倫理委員会とその報告

「ドイツのエネルギー大転換――未来のための共同事業」（２０１１年５月）の要点は、以下のとおりであった。

・原子力発電所の安全性が高くても、事故は起こりうる。
・事故が起きると、ほかのどんなエネルギー源よりも危険である。
・次の世代に廃棄物処理などを残すのは倫理的問題がある。
・原子力より安全なエネルギー源がある。
・地球温暖化問題もあるので化石燃料を使うことは解決策ではない。
・再生可能エネルギー普及とエネルギー効率性（省エネ）政策で原子力を段階的にゼロにしていくことは将来の経済のためにも大きなチャンスになる。

ここから学んで、日本にとって必要なことは、手段としての原子力利用の評価である。発電という目的に対して、地震と火山の多い日本における、原子力のコストとリスク、事故がおきた場合の被害の大きさ、将来の世代に対する責任などについて、他の代替発電手段との比較評価を行うことである。どの技術を選ぶかは、社会が倫理的価値判断に基づいて決めるべきであるという点である。

1・3 「どのように」脱原発か？

つぎにドイツ脱原発の「どのように」について、述べてみたい。ドイツ原子力法改正による新しい原子力エネルギー政策は、２０１２─２０２２年までに原子炉を廃止することを決め、旧型８基は、すでに停止し、送電網からはずされた。これ以降、古い順に２０１５年グラーフェンラインフェルト原発停止（２０１５年６月末に停止）、２０１７年グントレミンゲン原発Ｂ停止、２０１９年フィリップスブルク原発２停止、２０２１年グローンデ原発停止、グントレミンゲン原発Ｃ停止、ブロックドルフ原発停止、２０２２年にはイザール原発２停止、エムスラント原発停止、ネッカーベストハイム原発２停止の予定である（図２参照）。

２０１０年における原子力発電の一次エネルギーに占める割合は、日本と同じ約11％であり、また電力の22％であった。最大の一次エネルギー源は石油の33％であり、最大の電力源は褐炭の24％である（２０１１年当時）。脱原発を行いながら、地球温暖化対策を行っていくことはいかに挑戦的課題であるか、理解できるであろう（図５「ドイツのエネルギー・フロー」93頁参照）。

原子炉が停止しても、原子炉の安全性研究は依然として重要なテーマである。また、再処理方針をとらないドイツにおいても、使用済み燃料の貯蔵、処分問題は重要であり、安全性研究と新しい技術研究が必要である。

原子力に替わるエネルギー資源として、太陽光、太陽熱、風力、地熱、波力、バイオマス、Ｃ

図２　ドイツにおける原発と関連施設の立地地図

出典：Öeko-Institut（2014）をもとに筆者作成

HP（熱電併給）、送電網、電池、スマート技術があり、研究開発が行われており、日本との共同研究が求められている分野は多い。

ドイツは、京都議定書に基づき、温室効果ガスの削減を進めてきており、原子力発電廃止によっても、達成目標に変更はない。

2010年に決定されたドイツ政府のエネルギー大綱によれば、温室効果ガス削減の柱は、省エネと再生可能エネルギー利用である。そのなかで電力消費の削減も大きな柱である。

EUの「2020年までに3つの20％」（2020年までに1990年比で、CO_2削減20％、一次エネルギー比20％再生可能エネルギー、エネルギー効率20％改善）目標というEUのエネルギー政策との関係については、より進んだ目標として、CO_2 40％削減、一次エネルギー比20％再生可能エネルギー、エネルギー効率20％改善は、ドイツのエネルギー大綱（2010年秋）にすべて織り込まれている。

政策と手段の効果は、エネルギー大綱によれば、120の政策と手段を動員して、再生可能エネルギー、貯蔵とグリッド、省エネルギー、建物断熱改善、輸送、在来発電改良、受容性と透明性などを柱に進める計画である。

必要な金融措置の規模は、2011年と2012年には各3億ユーロで、2012年以降毎年約30億ユーロが必要であり、使用先として、再生可能エネルギー（研究開発プラス市場浸透）、省エネルギー（研究開発プラス市場浸透）、建物断熱近代化、気候変動対策の国内、国際プロジェクトなどが予定されている。

１・４　必要な目標、政策枠組みと担い手

ドイツは脱原発の方向に舵を切り、再生可能エネルギー開発導入、省エネルギーに向かうために、10年以上の政策議論を経て、政策目標と政策枠組みをつくった。それと並行して、ＮＧＯ、市民、農民、政党、企業家、行政が協力して具体的な再生可能エネルギーと省エネのプロジェクトをつくり、再生可能エネルギーの普及に努めてきた。日本に必要なことは、この政策枠組み・目標の策定と担い手の育成であり、時間はかかるが国民的議論をふまえて政治的決定を行うことが求められる。

１・５　むすび――新しい社会システムをつくる

ＥＵ全体で、電力自由化がすすめられ、「一つのグリッド、一つの市場」という目標のもと、スマートグリッドが構想されつつある。これにはコストがかかるけれども、次の世代に必要であり、エネルギーコストは、新興国の需要で上昇傾向にある。

ドイツは、エネルギー大転換を「ドイツのアポロ計画」と称して、大学も参加し、新しい技術の開発、自動車にかわる移動手段の開発などを行い、競争力を強め、新たなチャンスとしている。日

本も１９７０年代に公害問題と石油危機を克服する過程で、世界に通用する制度とエネルギーと環境技術を開発してきた経験がある。

危機を転じて新たな機会にできるかは、その国民の力量にかかっている。「賢者は他人の経験から学ぶが、愚者は自分の経験すらも学ばない」といわれないように、日本は福島原発の事故から教訓を引き出し、ドイツに学び脱原発に必要な目標、政策枠組み、担い手の育成に努めるとともに、再生可能エネルギー開発普及、省エネルギーの一層の促進に向けた協力を進めていくことが求められている。

《本章はミランダ・シュラーズ（ベルリン自由大学教授）と吉田文和の共著論文（朝日新聞 we-bronza ２０１１年９月７日）を改訂したものである》

■コラム１■　ドイツの鉄道は正確か？

ヨーロッパの鉄道を使って旅行すると各国の鉄道の特徴がわかる。私の経験では時刻表どおり比較的正確に走っているのは、フランスとスイスの鉄道で、ドイツとオランダは概して遅れることが多い。ドイツ鉄道（ＤＢ）は、インターネットを使って、出発駅と目的駅、時間帯を入力すると乗継駅と時刻が表示されるシステムになっている。ところが、その通りに乗り継げないことが多いのである。旧東ドイツの鉄道は、整備が遅れており、ドイツ全体に特急列車のＩＣＥとＩＣは走っているが、独自の新幹線網も整備が遅れており、鉄道のストライキもある。

ドイツの脱原発に関わる倫理委員会報告のなかで、「高度に組織されたハイテク国家日本」という表現が出てくるのは、一つには日本の新幹線が事故も起こさず、３分程度の間隔で正確に走行していることを念頭に置いた表現なのである。日本の近代化に果たしたドイツの制度と技術の役割は大きなものがある。私が子供のころ親しんだ、東京の地下鉄銀座線の黄色い車両や鉄骨柱の地下ホームは、ベルリンのＵバーン（地下鉄）をモデルにしたものであり、私はＵバーンに乗って子供のころの銀座線を思い出したものである。また東京駅から新橋駅に至る赤レンガの高架橋は、ドイツ人のお雇い外国人であったフランツ・バルツァーが基本

写真1　ベルリン・ヤノヴィッツ橋駅

設計し、その構造と外観はベルリンのSバーンのそれと酷似している（ヤノヴィッツ橋駅、写真1）。

そのドイツが日本の鉄道はなぜ時刻表通りに運行しているか、調査団を派遣したことがあるという。結論は、日本では、皆が遅れないように急いだりして、協力しているようだというものだったという。つまり、日本的集団主義に起因するのではないかという推測である。

しかし、ドイツが福島第一原発事故から得た教訓は、そのような「高度に組織されたハイテク国家日本」でも事故が起きたのであるから、ドイツでも起こりうると考えたのである。

旧ソ連（ロシア）のチェルノブイリ原発事故では、直接ドイツ南部に放射能の影響があったというが、遠く離れた日本の事故は、それよりも大きな決定打となったのである。

第2章 原発の停止・廃炉・解体・中間貯蔵

2・1　はじめに

ドイツは２０２２年までの脱原発を決めたが、まだ8基が稼働中である（２０１５年現在）。最終的に全原発が運転停止するにしても、残る大きな問題は、原発なしでいかに電力を賄うか、しかも二酸化炭素（CO_2）減削を同時に実施することが最大の課題である。そのために、再生可能エネルギーの利用拡大とエネルギー効率の抜本的向上を目指す「エネルギー大転換」を進めている。

しかし同時に残る大きな問題は、原発の停止・廃炉・解体と放射性廃棄物の問題である。放射性廃棄物の問題については、最終貯蔵場の選択をやり直す法律を決め、従来からのゴアレーベンの最終貯蔵場立地計画を白紙に戻した。

放射性廃棄物は、原発の運転・停止・廃炉・解体過程から発生するものであり、ドイツでは、これまでに電力生産用原発の運転停止により、廃炉・解体作業がすでに始められている。旧西ドイツにある民間電力会社の発電炉については、会社の責任と費用負担によって、廃炉・解体作業を行うことが定められている。

これに対して、旧東ドイツにあった二つの原発（グライフスヴァルト原発とラインスベルク原発）は、東西ドイツ統合後、安全上の理由で１９９０年に停止されて、廃炉・解体そして中間貯蔵が１００％国（財務省）の支出の会社ＥＷＮ（Energiewerke Nord）のもとで行われている。

ドイツにおける稼働・停止・廃炉・解体中の原発の一覧表を表２で示す。

日本の原発再稼働が行われても、54基中の4分の1程度が、老朽化などの理由で停止・廃炉・解体の可能性があり、その意味でも、先行するドイツの制度枠組み、目標と政策、成果と課題を明らかにする意義がある。

本章では、世界で最大規模の廃炉・解体・中間貯蔵を行っているドイツ旧グライフスヴァルト原発の調査・聴き取りを行い、この問題に関するドイツの制度枠組み、目標と政策、現状と課題を検討したい。ここで中間貯蔵とは、原子炉で発生した使用済み核燃料の貯蔵のみでなく、高レベルガラス固化体や放射能を帯びた部品の貯蔵保管を含む。

表2　ドイツの使用済み核燃料（発電所別）と廃棄物管理（2011年推定値、tHM トン重金属）

原子力発電所	使用済核燃料(tHM) 2011年12月末	全稼働期間	再処理	直接処分
稼働中原子力発電所				
ブロックドルフ	634	974	198	776
グローンデ	715	1049	288	761
エムスラント	646	997	113	884
フィリップスブルク 2	700	951	208	743
ネッカーベストハイム	567	888	0	888
グントレミンゲン B	733	1002	195	807
グントレミンゲン C	704	1070	186	884
イザール 2	599	944	179	765
グラーフェンラインフェルト	773	952	391	561
停止中原子力発電所				
ブルンスビュッテル	464	464	296	168
クリュンメル	694	694	324	370
ウンターヴェーザー	922	922	536	386
ビブリス A	897	897	427	470
ビブリス B	976	976	420	556
フィリップスブルク 1	646	646	391	255
ネッカーベストハイム	655	655	446	209
イザール 1	723	723	339	384
廃炉中原子力発電所				
シュターデ	539	539	539	0
オーブリッヒハイム	352	352	243	100
ミュールハイム・ケルリッヒ	96	96	96	0
ヴェルガッセン	346	346	346	0
グントレミンゲン	125	125	117	0
リンゲン	66	66	66	0
グライフスヴァルト+ラインスベルク	893	893	283	583
ユーリッヒ・ハム	8.7	8.7	0	8.7
試験炉・プロトタイプ	171	171	103.8	0.54
研究炉	?	14.8(2025まで)	4.5	8.1
全体	14,645	17,416	6,795	10,567

注：表中の使用済み核燃料の数値は、BMU, 2015, Table D-2（p.68）の数値で再確認済み
出典：Radioactive Waste Governance, 2015, Table 1, p. 179, 元データは Neümann、2013、24.

2・2　グライフスヴァルト原発の歴史

福島原発は6基の原子炉を持つ大型集中立地の原発であった。これに対して、バルト海に面する旧東ドイツ時代に建設されたグライフスヴァルト原発は、1号機から8号機までを持ち、完成すれば、旧東ドイツの電力の3分の1を供給するはずであった。

旧ソ連型の加圧水型軽水炉（各44万ｋＷ）が建設され、そのうち1号機から4号機が１９７３年から１９７９年までに稼働し、旧東ドイツの電力の11％を賄ったが、5号機は１９８９年に炉心溶融事故を起こし、運転停止となり、6号機は建設されたが、東西ドイツ統合後に稼働中止となった。7号機・8号機の建屋はあるものの、原子炉は設置されなかった。最盛期には５５００人以上が働き、原発建設労働者は1万人を超えた。原発が立地する町ルブミンから30ｋｍ以上離れた大学都市グライフスヴァルト市には、原発労働者用のアパート群が林立した。当時としては、集中暖房で、個別トイレ完備の立派な部屋が労働者に提供されたという。

原発の名前となったグライフスヴァルトは、12世紀に起源をもつ、バルト海に面する古いハンザ同盟都市で、15世紀には大学が設立された。17世紀から２００年間は、スウェーデンの統治下にあった北欧風の街並みである。ドイツロマン主義の風景画家として有名なカスパー・デービッド・フリードリッヒの出身地としても有名である。フリードリッヒは、日本の東山魁夷に影響を与えた画家である。フリードリッヒは１８２０年前後に栄えた当時の港町グライフスヴァルトの風景をよく描いている。

さて1989年―1990年にかけての東西ドイツ統合に際して、3つの専門家鑑定書（原子炉安全委員会、IAEA、エコロジー研究所）が出され、①原子炉を覆う格納容器がない、②冷却水を注入する冷却装置などがない、③ステンレスの内張などがないため、原発資材の原子照射脆化が大きい、などの理由で、グライフスヴァルト原発は運転停止となった。

ここで大切なことは、旧東ドイツでもなく、立地地点のルブミン町やグライフスヴァルト市の決定でもなく、統合ドイツ全体の決定として、原発の運転停止が決められたことである。立地地点と周辺のみの意向に頼ると、雇用などの便益があるので、運転停止の決定はできなかったであろうという。事故の可能性が問題となり、実際に5号機の炉心事故も起きたが、大きな事故が起きる前にドイツ全体の政治的意思決定として決められたことが重要である。

グライフスヴァルト原発の運転停止にともなって、約5500人の労働者の解雇問題が起きた。これは東西ドイツ統合当時、旧東ドイツ側で起きた企業整理再編の一部としても見ることができる。若い労働者の多くは、この地域を去り、新しい仕事を外に求めた。一方、老齢に近い人々は年金生活に入り、約3600人の職が失われた。

結局、東ドイツ時代の旧コンビナート企業が有限会社に再編成され、さらに原子炉の停止・廃炉・解体・中間貯蔵を専門とする会社EWN（Energiewerke Nord）として再出発することになった。従業員は約800人規模である。原発は安全だといって操業してきて、停止された会社に、安全な廃炉・解体・中間貯蔵ができるかが最大の問題であった。ＥＷＮは２０００年にドイツ財務省１００％出資の国策会社となり、ルブミン町の港湾や周辺地域の再開発に連邦政府とＥＵの補助金が投入されたが、グライフスヴァルト市には、補助金はほとんど入っていないという。

原発の跡地利用としては、加圧水型軽水炉であったので、タービンの放射能汚染が少なく、旧タービン建屋が再利用可能であった。また、ルブミンには港湾と鉄道インフラが整備されていたので、クレーン製造会社、風力発電の主柱製造会社、洋上風力の基礎構築物などの製造会社が入り、その他も含めて約30社が進出してきた（表3参照）。現地の雇用１７７２人のうち、ＥＷＮ従業員が７４９人であるという。比較的に多いのは、管理、サービス、警備などの仕事である。対岸にはドイツで有名なリゾート地リューゲン島もあり、海岸のヨットハーバーなどのリゾート産業育成も目指された。２００６年にはマリーナも完成したが、リゾート地帯からＥＷＮの施設の煙突が見える位置にある。

ロシアからの天然ガスパイプライン（１２００ｋｍ）ノルドストリームの基地もつくられ、天然ガス火力発電所も計画されたが、ガス価格の値上がりで実現していない。それよりも、洋上風力発電の建設基地を目指している。

これに対して、グライフスヴァルト市では、原発関係の関係者の約半分が住んでいたので、人口が約７万人から約５万４０００人に減ったものの、グライフスヴァルト大学の学生が３５００人から約１万２０００人に増加した。また全国からライプチヒ研究所（プラズマ研究）、動物健康連邦

表3　ルブミンに立地した企業（2013年現在）

施設の番号	会社名	生産物	投資額100万ユーロ	従業員数
	EWN	原発廃炉解体中間貯蔵		749
4	IRB-ISO-Rust-Bau	土木建築	1.5	115
9+23	RIS、BSR、Metalbau	サービス	3	322
5	Lubmin Oils GmHh	原油、バイオディーゼル	25	41
	Holcim	コンクリート材料	0.4	1
8	上水・排水会社	浄化装置	10	1
10/11	マリーナ	インフラ、マリーナ	35	8
12	連邦警察	警備、税関	2	43
16	EAT Wismar	造船		18
14+18	EnBW+EWN	火力発電所1350MW+1600MW	（800+1000）	
15	Lubminer Korrosionschutz	査察	4.7	33
16	MAB/WIF Marina	鉄構建設	25	5
16a	EEW Special pipe	風車基礎	10	3
29	Deutsche Olwerke	可鍛材料	18.1	18
21	Blatd Indutries	風車設備		103
19	WINGAS	ガスステーション	130	12
	WINGAS		2X1500	
	Nord Stream		7400	
20	BP Solar	ソーラー	7	
	Eurovia Beton	解体サービス		24
22	Liebherr MCC	クレーン建設	5	91
25	50Herz	送電変電所	28	
	警備監視会社			185
	EON	接続	6	
	全体		3億300万ユーロ	1772人中EWNは749人

出典：EWNのウェブサイト（http://www.ewn-gmbh.de）より

研究所など研究機関が誘致され、さらにソフトウエアやITモジュールの企業なども新規立地した。旧グライフスヴァルト原発で働いていた技術者などが、グライフスヴァルト市で関連した企業を起こして、ビジネスを行っている事例も多いと聞く。

2・3　停止と解体方針

1990年12月ま

でに運転停止したグライフスヴァルト原発は、即時解体するかどうかが検討され、人材と機材の利用可能性を考えて、解体作業を準備した。7号機、8号機の汚染されていない設備の解体を先に行って、実地の訓練とノウハウを蓄積していった。

1号機の廃炉に即時解体撤去法をとったところ、コストが予想を大幅に上回ってしまったので、他の原子炉では、即時に解体せず、汚染度の高い圧力容器と蒸気発生器を撤去した後中間貯蔵施設に保管して、汚染度が低くなったら解体することにしている（sayonara-nukes-berlin「廃炉の話をしようや②」２０１４年10月）。

廃止決定当時、この原発には５０００本を越える使用済み・使用中の核燃料が存在していた。まず核燃料は、冷却用プールで4年間冷やされた後に、2年間かけて湿式の貯蔵プール（原発の3号機エリア）へと移され、その後１９９９年からは、乾式の貯蔵となるキャスクへと収める作業を行った後に、中間貯蔵施設へと移送された。これらの作業が終わったのは２００６年である（日本再生可能エネルギー総合研究所レポート「現地ルポ：世界最大の原発跡地を見る。――旧東ドイツ、グライフスヴァルト原発の今、part2「中間貯蔵施設と地元の町」」、２０１２年2月）。

ここで重要なことは、原発の停止から、使用済み燃料取り出しまでに時間がかかり、細心の注意が必要であるということである。ドイツでも福島の原発事故を受けて、２０１１年8月に停止した8基の原発がまだ冷却状態に置かれている。

写真2　グライフスヴァルト原発の中間貯蔵施設

（出典：EWN のウェブサイト）

2・4　廃炉と解体と中間貯蔵施設

廃炉と一言でいっても、原子炉のどの部分かによって放射能の汚染の程度が異なるので、解体方法も違う。汚染度の高い原子炉容器や蒸気発生器は、中間貯蔵施設で40年程度の保管の後に、解体を行うことになる。廃炉にともなう3つの大きな困難は、①放射線、②建物が小さいこと、③ステンレスのスチールで非常に頑丈に溶接されていること、である。

「あまりに放射線量が高いのですぐには処分ができないのです。実際には今後20年―30年の間施設に置かれて、人の手で解体できるまで線量が下がってから、初めて作業に取り掛かれるのです。つまり、原発の停止からほぼ50年間はただ放射線の値が下がるのを待つことしかできません。」（日本再生可能エネルギー総合研究所レポート）といわれる。

グライフスヴァルト原発では、1995年5月に廃止措置の許可を得て、解体作業を本格化するために、放射性廃棄物の集中中間貯蔵施設（Zwischenlager Nord：ＺＬＮ）と解体・除染作業施設（Zentrale Aktive Werkstatt：ＺＡＷ）が設置された。この二つの施設が、廃炉と解体にとって、不可欠な施設である（写真２）。

解体・撤去によって発生する廃棄物は、施設全体で１８０万トンとなり、そのうち１２３万トンは放射性でない廃棄物として処理できるという。放射性廃棄物56万トンのうち、中間貯蔵と除染の結果、発熱性および非発熱性放射性廃棄物は1万トン以下になり、全体の１％になるという。

２０１４年末には、１号機と5号機の解体が終わり、全体の80％程度が終了したという。廃炉・解体費用は合計で30億ユーロ（約４２００億円）をこえるという。ＥＷＮは、旧ソ連型の軽水炉について廃炉・解体のノウハウを蓄積しており、旧ソ連原潜の解体など、海外での事業も展開している。

要になる中間貯蔵施設（ＺＬＮ）は放射性廃棄物（使用済み核燃料と高レベルガラス固体）および放射能を帯びた部品の貯蔵保管施設であり、敷地全体の北東部に位置し、厳重な警備体制のもとで監視されている。施設は長さ２００ｍ、幅１４０ｍ、高さ18ｍの大きな体育館のような建物である（写真２）。１９９４年から１９９７年に総工費２・４億ユーロ（約２９０億円）をかけて建設されたものである。貯蔵スペースは8つのホールに区分されている。ホール８は見学できないが、キャスク（Cask for Storage and Transport of Radioactive Material：ＣＡＳＴＯＲ）という容器に使用済み燃料と高レベルガラス固化体が貯蔵されている。キャスクは「溶接またはボルトで成型した鉄製容器に、冷却を終えた使用済み燃料棒を不活性ガス（ヘリウム、アルゴンなど）と共に密封し、さらに周囲を鉄、コンクリート、その他の素材で囲んで放射線を遮断した容器である」（COCCOLITH EARTH WATCH REPORT「ドイツグライフスヴァルト原発跡地再開発のドキュメンタリーを視て原発問題を考える」２０１２年６月）。グライフスヴァルト原発からのキャスク59基分、他も含め合計74基が保管されている。

ホール６とホール７には、大型で汚染度の高いもの、ホール１—５には、放射能レベルが比較的低いものがコンテナーに保管されている。ホール７には、グライフスヴァルト原発の１—５号機の原子炉容器５基（１号機・２号機は２００７年、３号機・４号機は２００９年に移送）、１機当たり６つある蒸気発生器の20数基が保管されている。グライフスヴァルト原発の原子炉容器には、「表面から２ｍの位置で50ｍＳｖ／ｈ」などの線量率を示した標識が貼ってある。保管に当たり、原子炉容器と蒸気発生器の表面には線量を下げるための特殊な塗装が施されている。

この中間貯蔵施設は、ドイツでは北部集中中間貯蔵施設として位置づけられており、グライフスヴァルト原発以外のラインスベルク原発（ＥＷＮ）の原子炉容器（旧東ドイツの最初の原発、70ＭＷ）、オープリッヒハイム原発の蒸気発生器も保管されている。使用済み燃料も、ラインスベルグ原発６基分、原子力船オットー・ハーンなど４基分、高レベルガラス固化体５基分が保管されている（２０３９年まで許可）（上澤千尋・澤井正子「ドイツの原子炉解体の例と中間貯蔵」『科学』第83巻第10号、２０１３年）。

グライフスヴァルト原発起源以外の放射性廃棄物の持ち込みは、地元の反対運動の対象となってきた。キャスクが地元で修繕できない問題点が地元NGOから指摘されている。

2・5　解体・除染のための作業施設（ZAW）

原発の各施設の放射能を低減させるうえで、各施設と部品を解体し、除染を行うことが必要不可欠であり、その作業施設がZAW（Zentral Aktive Werke）である。もともと、原発運転中の機器の補修作業場であったものを改造した。廃棄物を切断する作業、鉄粉を10気圧の圧力で吹き付け表面の汚染を削り取るサンドブラスト（研磨）、超高圧のジェット水による除染（水洗浄）、化学薬品による除染（化学処理）など、を行っているが、作業環境に多少の懸念が指摘されている（上澤・澤井、前掲）。

ここで解体された各部品は、TÜV（技術検査協会）管理下の計測所FMA（Freimessanlage）で放射線が測定されて、基準値以下になったものだけが外部に搬出を許される。鉄、銅、アルミニウムなど資源として再利用できるものは、買い取り業者に引き取られて行く。

2・6　中間貯蔵と残る放射性廃棄物

中間貯蔵といっても、日本とドイツではその意味と位置づけが異なる。ドイツでは使用済み核燃料の再処理は禁止され、直接処分に限定されたために、中間貯蔵は直接処分の準備のためにある。

旧西ドイツ地域から出る使用済み核燃料は、当初、ゴアレーベンやアーハウスなどの原発サイト外の集中中間貯蔵施設に貯蔵される方針であった。このEWNの中間貯蔵施設も、北部集中中間貯蔵施設として位置づけられて、グライフスヴァルト原発以外の使用済み核燃料を受け入れることになった。すでに2007年のラインスベルク原発の原子炉容器の鉄道による搬入について、多くの市民が大きな不安を持ったという。

2010年から2011年にかけて、EWNの所有物となったカールスルーエ原発からの使用済み核燃料の搬入に対して、現地で反対運動が生まれ、全国からの参加者もあった。2011年2月、ルブミンへのキャスクの輸送が決行され、他の原発の56トンの使用済み燃料が運び込まれた。輸送当日、阻止しようとした人々と警察との衝突で怪我人がでた。原発跡地にはルブミンの住人はもちろんのこと、近隣からも数百人の人々が駆けつけ、反対のデモが行われた。

「増え続けてゆく放射性廃棄物と、正しい情報を知らされていないのではないかとの疑心暗鬼から、町民の受け止め方も変化した。海岸沿いのホテルでは、ルブミンへキャスクが運ばれるたびに、予約のキャンセルが起きるようになった」（「ドイツグライフスヴァルト原発跡地再開発のドキュメンタリーを視て原発問題を考える」、前掲）。

ホール1－7はメクレンブルク・フォアポンメルン州の総務・スポーツ省の許可、ホール8は連邦放射線防護局（Das Bundesamt für Strahlenschutz：BfS）の許可を得ているが、インタビューできたグライフスヴァルト市長も、ＥＷＮの中間貯蔵施設の建屋と安全性に大きな不安を抱いている。実際、立地州であるメクレンブルク・フォアポンメルン州議会が、１９９４年に他州からの放射性廃棄物の持ち込みを禁止する決議を行っている。これに対して、１９９６年から中間貯蔵に関して、規制値以下であれば、期限を限って（10年）、許可を取れるようになった。これについて、ＥＷＮが州政府を相手どって、「無期限の貯蔵」許可を求める訴訟が提訴されて、ＥＷＮの主張を認める第一審判決が２０１４年11月に出された。

ゴアレーベンなどの放射性廃棄物の最終貯蔵地が白紙に戻り、最終貯蔵地が決まっていない状況において、地元周辺市町村と住民の関心は、中間貯蔵施設が長期にわたり存在し続け、事実上の最終貯蔵場になるのではないかという懸念である。

当初、「廃炉・解体」事業については、市民運動側は、跡地を緑地に戻すことを求めたが、中間貯蔵は安全だと思い、ここの放射性廃棄物の貯蔵について、賛成した経過があるという。

原発を立地させたという選択は、少なくとも中間貯蔵施設を持たざるをえず、まさに「世代を超えた問題」を突き付けられているのである。実際、ドイツでは２００２−２００７年にかけて全国12か所の原発サイトで、使用済み核燃料の中間貯蔵施設が運転開始している。乾式貯蔵で、約40年の期間を予定している。

2・7　環境モニタリング

施設内外の放射能のモニタリングが行われており、環境報告書も公表されているが、周辺海水のモニタリングについては、行われていない模様である。また、中間貯蔵施設のストレステストが行われ、航空機の衝突のリスクもないとされている。日本の福島原発事故に対する関心は高く、福島原発周辺における観測体制について、質問を受けた。

2・8　むすび――福島原発との違い

1986年のチェルノブイリ原発事故が旧ソ連邦解体の引き金になったように、旧東ドイツでも社会主義国家体制への市民の不信が広がり、1989年―1990年の「ベルリンの壁」崩壊の遠因となった。チェルノブイリ原発事故によるウクライナの放射能に汚染された食物が、当時物資不足であった旧東ドイツにも大量に出回り、汚染を知らされないままに子ども達の口に入ったという。これが、旧東ドイツの社会主義国家体制への決定的な不信を招き、「ベルリンの壁」崩壊の遠因となった。そのことを想起すれば、原発と放射能問題は、「市民と国家」の問題を考える試金石となっていることが理解できる。東ドイツ出身のメルケル首相が福島原発の事故を受けて、脱原発を最終決定した理由の重要な背景である。

福島原発の停止・廃炉・解体と比べた場合、グライフスヴァルト原発のそれは、重大事故を起こす前に、停止・廃炉・解体を決めた点で決定的に異なる。しかし、事故を起こしていない原子炉の停止・廃炉・解体という面では、日本の福島原発以外の老朽化した原発にも当てはまる共通の課題である。

同原発を視察した福島県議会議員の一人は「グライフスヴァルト原発と、過酷事故で廃炉となる福島第一原発では事情は違うが、作業の安全性をいかに確保するかという点で相通じる」と語っている（『福島民報』２０１４年7月21日付）。

原発の停止・廃炉・解体に関する事業の責任主体、地域経済への影響、安全性の確保と放射線防護、作業労働者の被ばく対策など、共通する課題も多い。とくに、作業に伴って発生する放射性廃棄物の処理、処分方法、処分場に関する枠組み法と実態がどのようなものであるかによって、その違いも大きいのである。さらなる継続的調査が強く求められる。

■コラム2■　ドイツの原発立地

ドイツの原発の立地は、冷却水を河川から取水するために、いずれも大きな河川の近くに

写真3　グラーフェンラインフェルト原発

（撮影：吉田文和）

立地しており、アウトバーン（高速道路）や鉄道から、その冷却塔を見ることができる。旧東ドイツ時代に稼働していたラインスベルク原発とグライフスヴァルト原発は、東西統合後に閉鎖され、現在では、廃炉作業のセンターとなっている（本章参照）。私もバイエルン州で、グラーフェンラインフェルト原発（ライン川沿、写真3）をアウトバーンから、イザール原発（ドナウ川沿、写真4）を鉄道から見ることができた。このようにドイツの原発は、市民の日常の生活のなかでもその存在が感じられるので、安全や放射能に対する関心も高く、反対運動もおこりやすい。これと比べると、日本の原発は大都市から遠く離れた海岸沿いに立地しているものが多く、電力の消費者にとっては、その存在がわかりにくいものと

写真4　イザール原発

（撮影：吉田文和）

写真5　泊原発

（撮影：吉田文和）

なっている。私がドイツからの友人を連れて、北海道積丹《しゃこたん》半島の西の付け根に立地する北海道電力泊原子力発電所（写真５）を案内したことがあった。その際、ドイツからの知人は「原発をうまく隠したね」という感想を漏らした。さらにドイツとの違いについて議論して、原発の立地にともなう、電源三法などの立地交付金がドイツにはなく、また連邦だけでなく、州ごとに立地規制と許可が必要であり、この二点が原発立地に関する日独の大きな違いであることがわかった。

第3章　放射性廃棄物問題

3・1　はじめに――ドイツの放射性廃棄物問題

脱原発を決めたドイツが直面する「挑戦」は二つある。一つは温室効果ガスの削減であり、もう一つはこれまで発生させた放射性廃棄物の後始末であり、これはドイツでは「手におえない邪悪な問題」と見られてきた。本章はこの放射性廃棄物問題を取り上げる。放射性廃棄物への挑戦にも、技術面と制度・合意形成の二つの課題がある。

処分の対象となる発熱性（高レベル）放射性廃棄物（処分空洞の壁面に熱影響を与えることから発熱性放射性廃棄物と呼ばれる）の量は、2022年までにすべての原子炉を閉鎖するとして、約2万9030㎥（キャスク込の体積）と推定されている。技術面では、ドイツは長年にわたり岩塩鉱への放射性廃棄物の処分を検討してきたが、2013年の「高レベル放射性廃棄物最終貯蔵施設建設地探査選定法（Standortauswahlgesetz：StandAG）（以下、「建設地選定法」という）」により、その見直しを行うことになった。

原子力発電所稼働により発生する使用済核燃料については、①再処理する方針の国々（フランス、イギリス、日本、ロシアなど）、②再処理しないで直接処分する方針の国々（アメリカ、ドイツ、ベルギー、フィンランド、スウェーデンなど）、③地上長期保管の方針の国々（オランダ、イタリア、スペインなど）がある。

ドイツははじめ使用済み核燃料を再処理し、プルトニウムを再利用する方針であったが、最終的には再処理方針を放棄した。これは脱原発方針とも密接に関連がある。この点の経過を検討し、日本と比較する意義がある。

さらに、放射性廃棄物の岩塩鉱での処分は、未解決の問題を多く含むことが明らかになってくるなかで、放射性廃棄物の取り扱いについて、今後の技術進歩を待ち、将来世代の決定に従うという、「取り出し可能性」（Retrievability）と「暫定保管」（Temporal Safe Storage）の方向が提案されている。

例えば、「暫定保管という管理方式」は、「いきなり最終処分に向かうのではなく、問題の適切な対処方策確立のために、数十年から数百年程度のモラトリアム（事実上の凍結：引用者）期間を確保することにその特徴がある。この期間を利用して、技術開発や科学的知見を洗練し、より長期間を対象にした対処方策を創出する可能性を担保するメリットがもたらされる」（日本学術会議「高レベル放射性廃棄物処分について（回答）」２０１２年９月１日、10頁）。

地上長期保管の方針の国々（オランダなど）は、明らかにこの方向である。ドイツも選定法のプロセスと結果により、「取り出し可能性」「回収」（建設地選定法第２条）も検討している。

第一の挑戦である温室効果ガスの削減に対して、第二の挑戦は、放射性廃棄物に関する社会的制度と公論合意形成の課題である。長年にわたりもめ続けてきた原因である、一方的に「決定し、知らせ、守る」という方針を根本的に改めて、時間はかかっても公衆参加と透明性をいかに確保して合意形成できるかである。

本章は、私が長年共同研究を行ってきた、ベルリン自由大学環境政策研究所のプロジェクト『放射性廃棄物ガバナンス』（Peter Hocke and Beate Kallenbach-Herbert, "Always the Same Old Story? Nuclear Waste Governance in Germany," in *Nuclear Waste Governance*, 2015）の研究成果を紹介しながら、日本の研究者の研究成果にも学び、ドイツにおける放射性廃棄物問題の全体を概観したい。

3・2　ドイツにおける放射性廃棄物管理の概観

ドイツの放射性廃棄物の管理政策は、すべての放射性廃棄物を岩塩鉱などに処分することを想定してきた。当初は、地層処分に対する技術的楽観論が支配していた。地層処分とは、正確には「地下深部の岩石圏での処分」を意味する。しかし、地下水の溶出がなく、地殻変動が10万年の長期にわたり起こらない場所を探すことは大変難しい。したがって、発熱性（高レベル）放射性廃棄物の地層処分場の立地問題はドイツにおいて、30年以上にわたり社会と政治で大きな論争の的となってきたのである。1978年以来、ゴアレーベン岩塩鉱（ニーダーザクセン州）は唯一の候補地であり、1986年から地下探査が行われてきた。ゴアレーベン岩塩鉱が地層処分に適合していると、専門家や政治的協定が合意できないために、この立地プロセスをやりなおす試みが行われてきた。2013年に新しい立地への政治協定が初めてできたのである。これは、ステップごとに基準をつくる比較可能な選択プロセスであり、ドイツ連邦議会で2013年7月に「建設地選定法」として定式化された。2014年4月に、1年近くかかり第一歩として高レベル廃棄物処分への委員会委員が指名され、放射性廃棄物管理に関する基本的問題を議論し、建設地選定法を評価した。委員会の主な役割は、地層処分に代わる処分概念の検討を行うかどうかの提案、処分の安全要件、サイトの除外基準・最低要件、各母岩（岩塩鉱、花崗岩など）固有の除外基準および選定基準、予備的な安全評価の実施方法などの提案、回収可能性、可逆性などの問題を含む欠陥是正のための基準の提案、サイト選定手続きに係る組織と手続き、代替案検討の要件の提案、公衆参加および公衆への情報提供、透明性確保のための要件の提案である。

この建設地選定法は、発熱性放射性廃棄物の立地に関する長く続くプロセスの画期をなし、立地プロセスの枠組みづくりへの政治的妥協を探る重要な一歩となる。

現在の4大電力会社（E. On, RWE, EnBW, Vattenfall）は原発の所有者であり、廃炉にも責任を持つ。さらに公的機関に移るまでは、放射性廃棄物の管理に責任を持つ。中間貯蔵施設はドイツのほとんどの原子炉のサイトにある（図２「ドイツにおける原発と関連施設の立地地図」７頁）。この施設の建設は１９９９年の社会民主党・緑の党連立政権下の電力会社との協定と、２００５年以降の再処理放棄政策との結果である。それ以来、オンサイト（敷地内）中間貯蔵施設が原子力法により使用済核燃料の処分前の唯一の選択肢となった。それ以外の敷地外の使用済核燃料の中間貯蔵施設は、ゴアレーベン、グライフスヴァルト、ユーリッヒ、アーハウスにある（図２「ドイツにおける原発と関連施設の立地地図」７頁）。

３つの処分場②③④は、ニーダーザクセン州にある。

①モルスレーベン、ザクセンアンハルト州、閉鎖中
②アッセ鉱山、アッセⅡは12万６０００バレル（ドラム缶相当）を処分し、塩水侵入で、閉鎖中
③コンラッド（ザルツギッター）低レベル用、２０２２─２３年運転開始予定
④ゴアレーベン（岩塩鉱）、研究用とされ、ドイツの放射性廃棄物管理の社会的政治的争点となってきた。

３・３　歴史的経緯

１９６５年、アッセ（１９６４年まで岩塩鉱山）が連邦政府によって買収されて、放射性廃棄物

の処分の研究鉱山に転用された。地層処分に関する必要で好ましい包括的結論は得られなかったものの、岩塩鉱は「放射性廃棄物処理センター」（Nukleare Entsorgungszentrum：NEZ、1973年以降）の立地プロセスの基本的要素となった。これが連邦政府の放射性廃棄物管理の焦点となった。当時の考えは、プルトニウムと高速増殖炉の「閉じた核燃料サイクル」を確立することであった。ドイツからすべての種類の放射性廃棄物を一つのサイトに集めることが計画された。それらは、①再処理施設、②廃棄物処理施設、③貯蔵施設、そして④地下貯蔵施設である。

建設地選定プロセスは1972年に始まった。放射性廃棄物処理センター（NEZ）の最終選定は幅広い研究レビューの結果に基づく、3つの比較研究によるものとされた。しかし、最初の調査は地方の強い反対運動を起こし、地域住民、土地所有者を怒らせた。そこで、調査は1976年に止まった。

1977年2月にニーダーザクセン州首相（ドイツは連邦制をとっているので州知事ではなく州首相）のアルブレヒト（Ernst Albrecht）がゴアレーベン岩塩鉱を、放射性廃棄物処理センター（NEZ）に最も適したサイトとして指定した。青木聡子『ドイツにおける原子力施設反対運動の展開』ミネルヴァ書房、2013年、226―227頁によれば、州政府が強調したのは、①安定した良質の岩塩層の存在、②人口密度の低さ、③エルベ川からの冷却水の供給、④産業的な後進地域であること、の4つである。しかし最も重要な理由は、ゴアレーベンが「西ドイツの突端」ヴェントラントに位置したためであるといわれる。事故の場合に影響を受けるのは東ドイツ側になり、西側の突端の付け根を封鎖すればよいと考えられたという。連邦政府もこれについて、東西境界に近いという懸念があったにもかかわらず支持し、旧東ドイツもこれを受け入れた。しかし、一つの地域に核関連施設を集めることにより、反対運動も集中させるという戦略はうまく機能しなかった。というのは、数か月にわたるゴアレーベン立地への市民の反対を、マスコミの報道が全国的に取り上げたからだ。1979年3―4月のゴアレーベンの公聴会の実施は、この抗議の重要な結果であった。ニーダーザクセン州首相に支持されて、反対と賛成の国際的専門家が6日間にわたり、再処理の安全性や地層処分の一般的問題について議論したが、公聴会が示したことは、原子力エネルギーの推進派であっても、再処理の安全問題については、大きな疑問が残るということであった。

結果として、ニーダーザクセン州首相によれば、ゴアレーベンの再処理施設（Wiederaufbereitungsanlage：WAA）の技術的可能性は公聴会のメンバーによって十分支持されたが、そのような施設は政治的には不可能であるとした（1979年5月）。その結果「放射性廃棄物処理センター（NEZ）」の計画は、再処理施設を外して、このサイトを中間貯蔵と付属施設を持った最終貯蔵場とするという計画に置き換えられた（①を除く、②③④）。

原子力についてのドイツの論争は、チェルノブイリ原発事故（1986年）によって大きな影響を受け、社会民主党の原子力懐疑派を勢いづけ、最終的には1998年、コール首相が連邦議会選挙で大敗した。発熱性放射性廃棄物の国家貯蔵場の立地を再スタートする試みとして、社会民主党と緑の党の連立政権は最終貯蔵施設建設地選定手続に関する作業部会（Arbeitskreis

Auswahlverfahren Endlagerstandorte：AkEnd）をつくることになる（１９９９年―２００２年）。原子力への賛成と反対の、高い立場の専門家グループとして作業部会が求められたのは、透明性のある基準ベースの、比較立地（公衆参加を含む）への確実なアプローチを提案することであった。

今日から振り返ると、作業部会がうまくいかなった主な理由は、高レベル放射性廃棄物貯蔵場の立地プロセスをはじめる必要性について、政治的アリーナ（領域）、社会的グループの間で、同意が欠けていたからである。ゴアレーベンにおける10年間のモラトリアム、２００２年の脱原発決定にもかかわらず、前進のためのコンセンサスを見出すことについて、突破口は見つからなかった。ゴアレーベンのモラトリアムは、２００９年のキリスト教民主同盟（ＣＤＵ）、自由民主党（ＦＤＰ）との選挙勝利で中止されたが、「脱原発」の延期、ゴアレーベン岩塩鉱の継続は、２０１１年3月の福島事故で突然終わることになる。

福島事故は第二のドイツ原子力政策の転機である。脱原発の決定への広い政治的社会的支持とともに、廃棄物管理問題を解決するための新しい入り口が開かれてきた。２０１１年6月になると、各州のリーダーが国全体での選択プロセスへの支持を表明した。連邦と州で作業グループがつくられ、ドイツにおける発熱性放射性廃棄物の地層処分の将来政策に関して連邦・州の間で妥協の道が模索された。２０１３年には建設地選定法が実施された。

3・4　ドイツの放射性廃棄物管理

ドイツの使用済核燃料政策は、二段階にわたり変化した。第一歩は、一つの集中的な中央放射性廃棄物管理センターに投資しないという決定である。この点が日本の再処理政策との大きな違いである。2002年の原子力法で、2005年からの海外での再処理を停止させたのである。停止の主な理由は、安全上のリスク、コスト、プルトニウム経済（サイクル）の放棄、使用済核燃料と高レベル廃棄物の輸送の最小化である。それ以来、唯一のオプションは、サイトでの中間貯蔵である。しかし、返還再処理廃棄物が2005年から仏英独の協定により戻ってきている。ゴアレーベンの中間貯蔵施設が、ドイツでは唯一の行先になっていると、ニーダーザクセン州とゴアレーベンの代表から批判されてきた。青木聡子（前掲書、228頁）によれば、1996年から2011年まで合計12回のキャスク輸送で、その度ごとに地元住民と全国からの参加者により激しい抗議行動が展開された。2013年3月の連邦とニーダーザクセン州の合意に基づき搬入は停止された。

第二の大きな変化は、「高レベル放射性廃棄物最終貯蔵施設建設地探査選定法」（建設地選定法）であり（StandAG, 渡邊富久子「ドイツにおける高レベル放射性廃棄物最終処分地の選定」『外国の立法』258、2013年）、サイト中間貯蔵は、イギリスのセラフィールドから21のキャスクを貯蔵すべきであるとされた。5つはフランスのラアーグからのもので交渉中である。

使用済核燃料の再処理あるいは直接処分問題とともに、岩塩鉱を高レベル放射性廃棄物の処分に使うという決定がドイツの廃棄物管理に影響を与えてきた。アッセの研究鉱山は、20年以上にわたり、塩水侵入と安定性の問題があり、適切な対処法についての議論に影響を与えてきた。取り出し可能性か、メンテナンス・フリー（整備・保守不要）の処分コンセプトかの選択肢がより関心を持たれた。この議論はまだ進行中であるが、廃棄物のパックを500年間にわたり貯蔵場から取り出す可能性は、ドイツにおける廃棄物処分に関する安全規制を規定している。アッセ鉱山について、渡邊富久子「アッセ放射性廃棄物処分場の閉鎖のための原子力法の改正」『外国の立法』255-2、2013年によれば、「1967―1978年には、地下500―750メートルにある13の空洞に約12万6000本に入れられた容器に低・中レベル放射性廃棄物が地層処分された。しかし、地盤が脆弱化して亀裂が入り、1988年には、塩分を含む地下水が鉱山に流入していることが確認されていた。毎日1万2000リットルの地下水の流入が現在も継続し、地下水が放射能に汚染され、鉱山が陥没するおそれもある。検討の結果、施設からの放射性物質の回収が優先的に行われることになり、その手続きを迅速化する原子力法が改正された（2013年4月）」。少なくとも9kg、最大28kgのプルトニウムが混入している可能性があるという（Ursula Schoenberger, 2013, *Atommüll*, S. 151）。

3・5　建設地選定法を含む法的枠組み、立地手続きの現状

ドイツにおける放射性廃棄物を規制する法的規制システムはやや複雑である。詳細な説明（BMU,

2010, Sicherheits-anforderungen an die Endlagerung wärmeentwickender radioaktiver Abfälle,109-111）を要約すると、ドイツは連邦制度をとっているので、立法と実施は、連邦と州の組織にある（各々の義務にしたがって）。国の規制のヒエラルキーがあり、特定の規制が異なる機関・組織によって行われ、異なる義務がある。基本法（憲法）、原子力法、建設地選定法、条令はすべて強制的である。

１９８０年から１９９８年にかけての「ストップ・アンド・ゴー」政策（一時停止し、様子を見てまた進めるという政策）のゴアレーベンの調査活動期間の後、学際的な作業グループとしての作業部会（AkEnd）の結果は、新しい問題への幅広い議論を引き起こした。その問題への新しい取り組みは、意思決定における段階的アプローチであり、基準をもとにした比較選定プロセスであり、各段階での公衆参加である。これらの結果は、①ドイツで以前無視されてきた放射性廃棄物についての国際的議論、②より直接的な民主主義を目指す国の発展、③透明性の原理という面での、とくにゴアレーベン立地の欠陥、④関係する公衆との議論、を反映している。

3・6　情報政策と社会を含んだ参加形態

放射性廃棄物に関する情報政策は３つの段階がある。

第一段階の市民対話について、１９７０―１９９９年の試みはすべて失敗した。反原発運動は支持されたが、科学への不信が増加した。岩塩鉱処分が信用を失った。ゴアレーベンの1970年代、1980年代、1990年代の調査の質が問題になり、アッセの研究鉱山が関心を呼んだ。責任ある部門が対応しないと、遅れが能力のなさとして理解され意思決定を妨げた。

第二段階で、1999―2002年の脱原発の決定問題は、作業部会がつくられ、新しい局面をつくる。上からの「決定・広報・実施」というやり方を変えさせた。従来の方法は、市民社会の代表との議論を考えていないものであった。この不成功の一方的コミュニケーションの影響として、戦略が変わり、関係公衆（のちに立地候補地住民も）をはじめから統合した新しいコンセプトで再スタートし、これが魅力的なものとなった。相対的にはそれまでよりは透明で、公開性のある条件のもので、専門家が意思決定者や関係者と会して、説明するのである。これは福島事故の前からあった。キリスト教民主同盟のレットゲン環境相の試みもあった（2011年11月にゴアレーベンの岩塩層にしぼっていた高レベル放射性廃棄物の最終貯蔵場の選定を振り出しに戻し、可能性のある全国に広げる方向を示す）。アッセでは鉱山閉鎖に住民参加があった。

第三段階がはじまり、建設地選定法が国レベルで政治的に決まり、福島事故の後、バーデン・ヴュルテンベルク州も候補になりうることが示された。脱原発の倫理委員会報告では、公衆の参加と熟議が強調され、新しい対話が始まった。まだ立地についてコンセンサスに至らず、抗議もある。

最後に予算面について見ておく。2002年に連邦環境・自然保護・原子炉安全省（BMU）が各廃棄物発生者の引当金を集計した結果によると、総額350億ユーロ（約4・2兆円）である。

この金額のうち、約55％が放射性廃棄物管理に必要な金額（原子炉の廃炉など以外の目的で引き当てている額）とされている。またゴアレーベン処分場の設置費用は約23億６３００万ユーロ（約２８６０億円、１９９７年での金額）と試算されていた。調査研究費は、１９７７—２０１０年末までで約15億５９００万ユーロ（約２０３０億円）となっている（原子力環境整備促進・資金管理センター、２０１５年）。個別にはアッセ鉱山には約10億ユーロ（約１３００億円）支出されているが、さらに取り出しを行う費用は40—60億ユーロ（約５２００億円—７８００億円）に達すると想定されている（Deutscher Bundestag, 2012, "Entwurf eines Gesetzes zur Beschleunigung der Rückholung radioaktiver Abfälle und der Stilllegung der Schachtanlage Asse II"）。透明性を確保し、これまでに積み立てられた電力会社の引当金を公的基金に移し、長期的な「破産」を防ぎ、最終貯蔵に必要な資金を確保すべきだという提案がＢＵＮＤ（連邦環境自然保護連盟、２０１４）やドイツ経済研究所（ＤＩＷ、２０１５）から出されている。

これに対して、電力最大手のエーオンは、２０１４年末で１６６億ユーロ（約２兆２９００億円）の引当金を確保しているものの、今後も廃炉と核のゴミに対して「原発運営者が全責任を負う」ことに懸念を示し、「政府も最終処分場を適切に使えるようにする責任がある」と強調していたが（『日本経済新聞』２０１５年８月15日付）。９月にエーオンは原子力部門の分離計画を撤回すると発表し、最後まで廃炉の責任を取る姿勢を明確にした（『日本経済新聞』２０１５年９月11日付）。

3・7　学ぶべき教訓

ドイツにおける放射性廃棄物の貯蔵場立地の歴史には、いくつかの転換点がある。これがガバナンスのプロセスに著しく影響を与えた。一方における政治的多数派の変化と他方における外部的事件が、放射性廃棄物ガバナンスの考え方を変え、近代化してきた。ドイツの原子力政策における変化の最もしばしば起きた「引き金」は、政治的多数派の変化である。1976年、立地選定プロセスで、立地を引き受けるというニーダーザクセン州の例外的な立場は、新しい州首相の決定のために引き起こされた。彼は州が主導する立地政策を実施し、州と連邦政府の二者交渉に集中した。おそらく、抗議運動や公聴会で全国的注目を集めていたため、連邦政府との交渉において、州が独自の立場を取ることができた。もとのプロジェクトは大きく変わった。やや幅広い政治的コンセンサスを求め、その後ゴアレーベン立地問題は全ドイツに広がった。その後、1998年以降の社会民主党と緑の党の連立政権で、緑の党のトリッテンも作業部会の立地プロセスを変えられず、社会民主党ガブリエル環境相（2008年）も対話を重視し、キリスト教民主同盟レットゲン環境相もゴアレーベン立地に集中したが、政治的多数派を得られず、幅広い社会的寛容を得られなかったのである。

もう一つの引き金（原子力政策、廃棄物管理の改定）は、原子力事故の影響である。1979年のスリーマイル島の事故は、ゴアレーベンの公聴会の時に起きた。メディアを通じて、社会的政治的議論が続き、原子力技術のリスクへの恐れ、再処理を取り巻く疑問が生まれた。これがゴアレーベンの再処理放棄につながった。

１９８６年のチェルノブイリ原発事故も論争となった。カルカーの高速増殖炉は１９８５年に完成していたが、１９９１年に中止され、ヴァッカースドルフの再処理施設の建設は１９８９年に中止となったのである。２０１１年の福島原発事故で、政治的多数派が形成された。ドイツの政治的多数派は、必ずしも社会の期待を反映していない。これに対して、ゴアレーベンの長く続く反対運動、よく組織された地域住民、グリーンピースなどのＮＧＯの活動が続けられてきた。

貯蔵場の立地問題について、産業界ははっきりした立場を表明していない。使用済核燃料の中間貯蔵地は、地域にとっては、不要なものであるので、「迷惑施設反対」となったのである。建設地選定法は、関係者の意思決定への参加面でやや限定的であり、立法前の公聴会（３日間）は、まだ十分ではないという。このように、選定プロセスは制度としては、まだ壊れやすい土台にのっているのである。ＢＵＮＤ（連邦環境自然保護連盟）とドイツ環境財団が選定委員会メンバーに入っているが、他のＮＧＯは参加を拒否している。まだ先は不明確である。主導的なアクターが参加し、統合できるかが問題であり、立場が異なり、各ステップに挑戦と摩擦があるので、関係者と責任ある行政・政治家が建設的な方法で受け入れるかどうかは不明である。

行政や事業者が「決定し、知らせ、守る」伝統的なモデルから、幅広い関係者が「交渉し、参加し、影響する」新しいモデルに変わりつつある（OECD, 2010, “Partnership Approach: To Siting and Developing Radioactive Waste Management Facilities"）。広範な対話、参加、情報入手可能性、そして拒否権なしには、進展は難しい。雇用、財政的な補償、地方への投資は反対を和らげる作用をする。しかし、これはまた地方の抵抗を生み出しうる。公論と参加は、拒否的な決定や施設の遅れになりうるが、これは民主的な政治的プロセスの一部なのである。コンセンサスと受容性をつくることには時間がかかる。まだ信頼に値する放射性廃棄物の目録はない。法的制度的枠組みはまだできあがっていないのである（Achim Brunnengräber and Miranda Schreurs, Nuclear Energy and Nuclear Waste Governance, Perspective after Fukushima Nuclear Disaster in *Nuclear Waste Governace*, 2015, p. 73）

３・８　日本の高レベル放射性廃棄物問題

日本における原子力利用に伴う長期的リスクとして、高レベル放射性廃棄物問題がある。この問題について、原子力委員会から日本学術会議に対して、審議依頼が行われた（２０１０年３月）。とくに「地層処分施設選定に関する説明や情報提供のあり方」の提言を求めた。これに対する回答が「高レベル放射性廃棄物の処分について（回答）」（２０１２年９月）として公表された。この回答は高レベル放射性廃棄物の「暫定保管」と「総量管理」を提案したものとして注目された。

学術会議「回答」における「現状および問題点」認識で一番重要な指摘は、「エネルギー政策・

原子力政策における社会的合意の欠如のまま、高レベル放射性廃棄物の最終処分地選定への合意形成を求めるという転倒した手続き」にあったという点である。北海道における幌延《ほろのべ》問題（1980年代から）、大間原発立地への函館市の訴訟に見られるように、経済的誘導策が先行し、地元周辺からの反対に遭遇するというパターンが繰り返され、地元の範囲が実際に影響を受ける範囲よりも極めて狭いという問題が背景にある。

環境経済学・廃棄物経済学の立場から「通常の廃棄物の処理、処分の原則」を考えると、以下のような点が重要な原則である。

・廃棄物の無害化処理、処分の原則
・工場立地と廃棄物処理・処分場の確保
・廃棄物発生者の第1次的発生者責任と費用負担
・廃棄物処分場の管理責任
・「廃棄物のフロー」と「廃棄物のストック」の区別と関連をつける
・天然資源の消費を控え、環境負荷をできる限り下げる→3R（reduce, reuse, recycle）原則

以上は、「廃棄物処理法」「循環型社会形成推進基本法」で詳細に規定されているが、放射性廃棄物は、そこから除外されてきた。

これに対して、放射性廃棄物の特性は以下の諸点と問題にあるといわれてきた。

・有害性の除去の困難性
・人類生存圏からの隔離の必要性
・超長期にわたる管理・保管の必要性
・使用済み核燃料の再処理、プルトニウムの分離と高レベル放射性廃棄物の発生
・軍事利用と関連する問題
・廃炉と事故炉（福島）の処理問題
・制度上の問題：国策民営、発生者責任の不明確、処分地選定の先行

以上の諸点を念頭において、学術会議回答の提起に沿って議論する。

日本は「特定放射性廃棄物の最終処分に関する法律」（2000年）で、地層処分の方針が出されたが、原子力委員会による使用済み核燃料の「全量再処理」方針の見直し（2011年以降）も検討中である。現在、すでに1万7000トンの使用済み核燃料が保管中であり、再処理された分も合わせると約2万5000本相当分の高レベル放射性廃棄物が発生している。日本では、使用済み核燃料からプルトニウムを分離する「再処理」を行うという基本方針のために、結果として高レベル放射性廃棄物が発生するので、従来の政策枠組みの抜本的見直しが必要である。多額の費用と期間をかけても、再処理施設が完成せず、高速増殖炉も完成の見通しすらないにもかかわらず、再処理方針の抜本的見直しが先延ばしされている問題があり、日本的「プロジェクト不滅の法則」、

「無責任の体系」（丸山眞男）と指摘される問題群であり、回答が高レベル放射性廃棄物の処分に関する政策の抜本的見直しを提言しているのは当然である。

学術会議の回答は、「科学・技術的能力の限界の認識と科学的自律性の確保」を提言し、「超長期にわたる安全性と危険性に関する科学的知見の限界」、「自律性のある科学者集団（認識共同体）による、専門的独立的検討、討論の場確保」を指摘しているのは、これまた当然のことである。日本における各省庁の諮問機関である審議会方式の問題と限界があり、ドイツのような、原子力以外の専門家による倫理委員会や国会アンケート委員会をつくり、公聴会を開き、専門家が政治家・国民と対話できる場をつくるべきである。

「暫定保管」と「総量管理」について、回答は、「原子力政策に関する大局的方針について国民的合意が欠如したまま、最終処分地選定という個別的な問題を先行」してきたと指摘し、これに対して「高レベル放射性廃棄物」の「暫定保管」と「総量管理」を提言している。

「暫定保管」に関しては、現段階における有害性の除去と超長期にわたる管理の必要性を考えると、処理技術の進歩を念頭に、さらに将来世代のための選択の余地を残し、管理のために、取り出し可能な形で「暫定保管」することを検討すべきである。

「総量管理」に関しては、廃棄物のストックとフローを考慮して、とりあえずすでに発生しているストック分だけでも処理量と方法を検討する。フロー発生分については、脱原発をめぐる国民的議論と決定が必要である。

立地に関する負担の公平性に関して、回答は「負担の公平性に対する説得力ある政策決定手続きの必要性」を提言し、「従来方式では受益圏と受苦圏が分離する不公平」、「電源三法などの金銭的誘導方式の限界と問題」を指摘し、「負担の公平・不公平問題への対処、科学的知見を反映させる方法」を提言している。これは幌延問題、大間原発立地問題での事例から見ても重要である。

合意形成のあり方に関して、回答は「討論の場の設置による多段階合意形成の手続きの必要性」を提言している。「様々なステークホルダーが参加する討論の場を多段階に設置すること」、「公正な立場にある第三者が討論過程をコーディネイトすること」、「最新の科学的知見が共有認識を実現する基盤となる」という指摘は重要であり、脱原発を巡る国民的議論（民主党政権が2012年に実施）の検証が必要である。

放射性廃棄物問題の長期的見通しについて、回答は「問題解決には長期的な粘り強い取組みが必要であることへの認識」を強調している。「高レベル放射性廃棄物の処分問題は、千年・万年の時間軸で考えなければならない」、「限られたステークホルダーの間での合意を軸に合意形成を進め、これを当該地域への経済的な支援を組み合わせという手法は行き詰まる」という当然の指摘であり、将来世代への責任を果たすという認識と合意が必要である。関連して、私見では放射性廃棄物問題について、「トイレなきマンション」という表現は誤解を招き、急いでトイレをつくれという議論になる。

表4　幌延町の核関連施設誘致の主な経緯

1980.11	佐野町長、議員が福島第1原発視察
1982. 3	町長、放射性廃棄物施設の誘致を表明
1984. 7	町議会が貯蔵施設の誘致促進を決議
1984. 8	動燃が貯蔵工学センターの概要公表
1985.11	動燃が現地踏査を強行
1990. 7	道議会が貯蔵工学センター設置反対決議
1994	原子力委員会「原子力の研究、開発、利用に関する長期計画」で幌延町貯蔵工学センターに言及
2000. 5	地層処分を決めた法律が成立
2000.10	放射性廃棄物は「受け入れ難い」道条例
2000.11	道と幌延町、核燃料サイクル機構が三者協定締結
2001. 4	核燃料サイクル機構幌延深地層研究センター開所
2012. 1	同センター立坑300メートルに達する

出典：北海道新聞社（2013）『原子力　負の遺産』、45頁

幌延町立地の経過と問題点

ここで、「核関連施設誘致問題」についての具体例を、北海道幌延町のケースにおいて見ておきたい（表4参照）。幌延町は、道北の利尻・礼文・サロベツ国立公園（湿地帯）に隣接する地域であり、1982年の国際学術連合（ICSU）放射性廃棄物処分委員会のいう貯蔵地・処分地の条件として、①活断層、②地下水、③割れ目、④火山、⑤地下資源（将来の採掘の可能性）、⑥地震、のない場所ではない（日本弁護士連合会『高レベル放射性廃棄物問題調査報告書』1990年）。酪農地帯がなぜ、放射性廃棄物の最終処分場を誘致したのか？　背景として、町政の実権を土建業者が握り、施設誘致による補助金、関連事業を狙い、酪農業も多額の負債を抱える。補助金を基金にして負債減額を図るという宣伝もあった。雪印バター工場と北海道大学天塩演習林という二大事業者があったので、自立志向が弱いという背景も指摘できる。人口過疎地

（当時約3000人）なので、動燃（動力炉核燃料開発事業団：当時）側が補償金を払うとしても、総額が少なくてよいという「計算」もあった。当時、科学技術庁の意向を受けて、動燃は、計画を強行しようとし、周辺自治体と北海道知事の反対にあうが、強行姿勢を崩さず、膠着状態となる。2000年代に入り、「核抜き」の深地層研究センターとして妥協と決着が図られる（滝川康治『核に揺れる北の大地』七つ森書館、2001年）。すなわち、同センターでは、高レベル放射性廃棄物の地層処分に関する研究として「地層科学研究」や「地層処分研究開発」を行っている。センターができても、人口は減り続け、3000人台（1985年ころ）から2400人台になり、酪農家も84戸に減った。この間町内の土建業者は8社も倒産した。様々な補助金を使った基金だけは増えたが、人口減少には歯止めがかからないのである。深地層の研究に関する3者（北海道・幌延町・日本原子力研究開発機構、2000年）協定によって、研究実施区域に放射性廃棄物を持ち込むことはないとされているが、20年というセンターの存続期間が守られるかどうかが今後の試金石である（表4参照）。

3・9　むすび

学術会議回答「高レベル放射性廃棄物の処分について（回答）」の内容を基本的に支持し、環境・廃棄物経済学に基づき補足・補強する立場から放射性廃棄物問題について検討した。日本の場合、特に使用済み核燃料の再処理問題を根本的に再検討する必要があり、「地層処分」を前提した

「特定放射性廃棄物の最終処分に関する法律」（２０００年）の見直しが不可欠である。同法では、「最終処分」とは「地下3百メートル以上の政令で定める深さの地層において、特定放射性廃棄物（高レベルガラス固化体と超ウラン廃棄物）およびこれによって汚染された物が飛散し、流出し、または地下に浸透することがないように必要な措置を講じて安全かつ確実に埋設することにより、特定放射性廃棄物を最終的に地層処分することをいう」と規定されている。学術会議の提案にあるように暫定保管中になすべき重要課題は、地層処分のリスク評価とリスク低減策を検討することである（日本学術会議「高レベル放射性廃棄物の処分に関する政策提言（提言）」２０１５年）。「日本の地層は若い」、「日本は変動帯に位置する」という理由によって、日本独自の研究の意義が強調されるが、それはまた「地層処分」の可能性が日本では少ないことを意味する。地質年代が若い新第3紀（２６０万年前）の日本と２００倍以上古い5億年以上前の先カンブリア紀のフィンランドなどと比較にならない程の差がある（土井和巳『日本列島では原発も「地層処分」も不可能という地質学的根拠』合同出版、２０１４年）。

核関連施設の立地に関しては、「地元」の範囲の設定が極めて重要である。被害地元になりうる地域や実際に防災計画を作らなければならない地域が、立地決定に発言できないという理不尽さが問題である。地元の参加と透明性の確保がここでも、不可欠なのである。

《３・８節は朝日新聞 webronza, ２０１４年5月1日を改訂したものである》

■第４章■ 原子力をめぐるリスクと倫理

４・１　はじめに

　福島の事故を受けて、ドイツは世界に先駆け脱原発とその代替となる新しいエネルギー政策を決定した。その決定において大きな役割を果たしたのが、安全なエネルギー供給に関する倫理委員会とその報告『ドイツのエネルギー大転換——未来のための共同事業』（Ethik-Kommision Sichere Energieversorgung, 2011, *Deutschlands Energiewende, Ein Gemeinschaftswerk für die Zukunft*, 吉田文和＋ミランダ・シュラーズ訳『ドイツ脱原発倫理委員会報告』大月書店、２０１３年）である。その報告のなかで、ドイツの脱原発は可能であるという同委員会の最終判断を支えたリスク論に焦点をあてて紹介したいと思う。

　そのリスク論の特徴は、リスクの比較衡量の基準に確率論的、技術的基準のみならず、社会的倫理的基準を含めることにある。その際、どの衡量基準に重みを付けるかは、その時々の政治的合意に基づく。従来の日本における工学的、保険金融的リスク論では、そのような価値基準を持ち込むことは、客観的ではないとして排除される傾向が強かった。

もちろん、文化的歴史的背景の異なるドイツでの議論が、そのまま日本で通用するわけではない。例えばドイツでは、技術と経済に関する決定は、その結果が社会全体に及ぶので、専門家に任せるのではなく、社会的判断が必要だという考え方が基礎にある。倫理的判断という点では、最高存在としての人間の自然に対する責任というキリスト教的伝統と、それを発展させた持続可能性という観点からの自然と未来の人類に対する責任という考え方が背景にある。

しかし、そうではあっても、福島の事故を契機にさらに磨き上げられたドイツのリスク論には、これまでの日本における原子力政策をめぐる技術ならびに専門家主導の政策決定プロセスの欠点を正す手がかりがあると考えられる。

そこで、日本の従来のリスク論とは異なるドイツ倫理委員会報告を紹介・分析しつつ、原子力をめぐる安全、リスク、倫理について考えてみたいと思う。

4・2　安全なエネルギー供給に関する倫理委員会の経緯と背景

ドイツでは1986年のチェルノブイリ原発事故の放射能汚染被害を受け、脱原発の世論が高まった。風力発電やバイオマスなどの再生可能エネルギーの拡大を目指す制度づくりも進められた。こうしたことを背景に、社会民主党と緑の党の連立政権が２００２年に改正原子力法で２０２２年を目途に脱原発すると決定した。これに対し２００９年に発足した保守・中道連立政権はこれを変え、原発廃止の延長を２０１０年秋に決定した。しかし２０１１年３月11日の福島原発事故後、3月27日に国内のバーデン・ヴュルテンブルク州議会選挙に敗北し、危機感を募らせたメルケル首相は、２０１１年4月はじめに「安全なエネルギー供給に関する倫理委員会」を組織した。メンバーは、科学技術界や宗教界の最高指導者、社会学者、政治学者、経済学者、実業界などから選ばれ、公聴会（議事録の翻訳が名古屋大学の丸山康司氏の監訳で公開されている。energyethikkommission_jp.pdf）と文書による意見聴取が行われて、集中的な討議が重ねられた。原発に対する意見の違いについて、互いに非難し合わないことが配慮された。これと並行して、原子炉安全委員会（Reaktor-Sicherheitskommission：ＲＳＫ）は福島事故を受けてドイツ国内の原子炉安全評価を行った。その報告はドイツの原発は航空機の墜落を除けば、比較的高い耐久性を持っているとした（"Anlagenspezifische Sicherheitsüberprüfung (RSK-SÜ) deutscher Kernkraftwerke unter Berücksichtigung der Ereignisse in Fukushima-I (Japan)" ２０１１年5月16日）。しかしメルケル首相はその報告には従わず、5月30日に提出された倫理委員会報告をもとに6月6日に２０２２年までの原発廃止の閣議決定を行い、この決定は国会により圧倒的多数で保守・革新に関わりなく承認された。

4・3　ドイツは福島をどう受け止めたか

直接被害の及んだチェルノブイリの原発事故とは違って、遠く離れた福島の事故をドイツの人々はどう受け止めたのだろうか。原子力の大事故は仮想的なものではなく、現実に起こりうるのだと、より多くの人々が気づいたのだという。原子力のリスク自体は福島で変化したわけではないが、リスクの受け止め方に変化が起きたのであり、変化の要因として以下の3点が挙げられる。

第1に、日本のようなハイテク国家において深刻かつ長期に収拾困難な事故が発生したことで、「ドイツではそのようなことは起こりえないという確信は消失した」。

第2に、災害収束の見通し、最終的な損害の算出、被害地域の最終的な境界確定が不可能なことで、原子力を「他のエネルギー源の欠点と、科学的な情報をもとに、比較衡量することができるはずだという、広く行き渡っていた見解は説得力を失った」。

第3に、現実は地震に対する安全性や津波の最大の高さなどの「想定」を超えたということから、技術的なリスク評価の限界が明らかになった。日本では、「想定を超えた津波」が原因とされているのに対して、ドイツでは津波の高さを正確に想定できなかったのだから、技術的なリスク評価に限界があると帰結される。

つまり、技術的なリスク評価やエネルギーに関するリスクと便益の比較衡量という方法の限界が福島で実際に起きた事故によって明らかになった。このことが人々のリスクの受け止めにとって重要な変化をもたらしたのである。

福島の事故の何よりも深刻な影響は、原子力発電の安全性に関する専門家の判断に対する信頼を揺るがしたことである。これまで専門家の判断を信頼してきた人々、原子力絶対反対派には属さない人々であっても、「制御不可能な原子力の大事故が原理的に発生しうるのであれば、そのリスクにどう対処すべきなのかという問題の答えを、もはや専門家に任せたくない」と考えるようになった。すなわち、こうした問題の解決には、専門家の判断を超えた社会的倫理的判断が必要であり、そのために徹底的な議論を通じて合意を形成することで、責任ある社会的決定と提案を行うことが倫理委員会の使命とされた。

4・4　倫理とリスクの考え方——前提となる倫理的責任論

倫理委員会設置の根拠は「原子力の利用やその終結、他のエネルギー生産の形態への切り替えに関する決定は、すべて、社会による価値決定に基づくものであって、これは技術的あるいは経済的な観点よりも先行している」という基本的な認識にある。こうした問題に関する倫理的な価値評価において鍵となる概念は、「持続可能性」と「責任」である。

事故による環境破壊と関連して、人間と自然とのつきあい、社会と自然との関係という問題が提起され、これに対してキリスト教とヨーロッパ文化の伝統から、自然に対する人間の責務という考え方が導出される。環境を保護し、自分達の目的のために破壊することなく有用性を高め、未来における生活保障の見通しを確保することを目指す持続可能性への責任である。これは、エネルギーの保障およびそれに伴うリスクと負担の、世代を超えた公平な分配という問題に結びつく。

安全なエネルギー供給、とくに原子力の評価をめぐっては、「人間は技術的に可能なことを何でもやってよいわけではない」という社会発展の基本命題を考慮すべきである。短期的な利益を優先して未来の世代に負担を強いる決定には社会が責任を負わなければならない。それゆえ社会が技術を選択するのであるとされる。

このように、倫理的価値判断は、現在と未来の自然と人類に対する責任観念と強く結びついたものであり、代替案があることが前提とされる。選択肢がないということは、開かれた議会制民主主義への信頼を損なうものであり、選択肢があることで脱原発の決断の余地が生じる。

4・5　必要とされるのは総合的なリスク評価

報告書では、これまで日本で取り扱われてきたものとは大きく異なるリスク論が展開されている。考えられる限りすべての視点から社会が責任を負うことができるエネルギー供給という課題を解決するには、環境や健康へのリスクのみならず文化的、社会的、経済的、個人的、制度的諸側面も併せて、全体的な考察を必要とするからである。リスクの問題を技術的側面にのみ狭めてしまうと、この要求を満たすことはできない。これまでの日本には、工学や保険金融の立場からの確率論的リスク論はあっても、このような包括的なリスク論はほとんど提起されてこなかった。原子力や気候変動のリスクのように、負担は一般公衆に押し付けられてはならない。また、倫理委員会メンバーであった社会学者故ウルリッヒ・ベックが著書『世界リスク社会論』（島村賢一訳、平凡社、2003年）で指摘したように、そのようなリスクは国境をも超えて作用していくことも考慮すべきである。さらにかつては制御可能で無限のエネルギーを約束するとされた原子力が現在のドイツには適合しないとされる点で、リスク評価には時代や国による制約も課されることがわかる。

健康や環境のリスクとは別に、文化的、社会的、心理的リスクという点で、原子力利用をめぐる紛争や混乱が社会に有害な雰囲気をもたらし、政治的合意ができないというリスクが生まれるので、その評価には倫理的判断を必要とする。こうした議論において、「環境的、経済的、社会的、技術的リスクは相互に密接にかみ合っているので」、一側面のみを考察するのではなく、リスクの総合的な評価が必要であるとしているのは、学ぶべき点である。エネルギーの安定供給や経済的安定性、気候保護といった問題が包括的な意味でもリスクや安全性に含まれるという考え方は、日本における最近の議論と重なるところがある。

以上のようなリスク論は、倫理委員会の議論の前提となった福島の事故の衝撃によってより強められたものと考えられる。

4・6　脱原発への道筋

4・6・1　絶対的な否定論の立場

　ドイツの原子力をめぐる論争では、絶対的拒否と相対的比較衡量という二つの基本的立場の対立があり、対立の中心には原子力のリスク（原発事故、放射性廃棄物による被害など）にどう対処するのかという問題がある。ここでは、各々の立場を概観し、そのような対立から倫理委員会の審議を通じて最終的に脱原発という共通の判断に至った道筋を示す。

　一度起きれば取り返しのつかない大惨事となる原発事故の規模を、発生確率によって判定する技術的リスクの評価の定義には、不備があり、またリスクの相対化という容認しがたい結果をまねく。なぜなら、そもそも確率計算が意味を持つのは、想定の枠内での事故の成り行きと解釈可能な限界内においてのみだからである。ところが、原子力事故の場合には福島で実証されたように、事故の連鎖から、想定された限界を超える出来事が発生してくるので、その経過を「残余のリスク」として片づけることは倫理的に許されず、これは技術的リスク評価の限界と不備を示すものである。「残余のリスク」とは、この場合、基準地震動を上回る地震動の影響が施設に及ぶことにより、施設の重大損傷事象が発生すること、大量の放射性物質が放散する事象が発生すること、それらの結果として周辺公衆に対して放射線被ばくによる災害を及ぼすことである。

　原子力事故や後の世代への負担、放射線による遺伝子損傷のリスクは相対的に比較衡量してはならないほど大きい。原子力のリスクを、実際に起きた事故の経験から導き出すことができないのは、最悪の事故の場合にどんな結果になるかは未知であり、評価不可能だからである。脱原発（原子力利用の否定）こそ、そのような事態を取り除くための予防的方策なのである。

4・6・2　相対的比較衡量論の立場

相対的比較衡量論とは、原子力とその代替エネルギー（石炭、バイオマス、水力、風力、太陽光、太陽熱など）のリスクは比較可能であるという立場である。リスクのない代替エネルギーはないので受容可能かどうかの判断は、科学的知見と倫理的衡量基準に基づくべきである。科学的比較衡量においては、全ライフサイクルを通じた直接・間接の影響について、影響の規模だけでなく発生率も考慮すべきである。また倫理的考察は合理的で公平な比較衡量を助けるものの、比較衡量のどの基準を優先するのかは、政治的に形成された合意に従うべきである。こう考えると、比較衡量は時代や国によって異なるものなので、原子力と代替エネルギーの評価もそれに応じて変化する。したがって、このような比較衡量論は、たんなる技術的な比較衡量論とは異なる点に注目すべきである。

以上のような考え方を前提にした相対的比較衡量論の立場からも、現時点でのドイツでは、「原子力発電はもっとリスクの少ないエネルギーで代替できる」という結論になる。なぜなら「原子力と比べて、再生可能エネルギーとエネルギー効率の改善（省エネ）の方が、健康リスクや環境リスクを低くする」のは、ほぼすべての学術研究からの結論であり、代替エネルキーの経済的リスクについても、ドイツの現状ではほぼ見通しを立てられる段階にあるからである。

4・6・3　倫理委員会の共通の判断

さきに概観したような、原子力をめぐる二つの異なる代表的見解の内容が倫理委員会の審議を通じて明確になった。しかし、そこで両者の対立の根本的解消を求めるのではなく、相互理解を促進する方向で審議は進められた。原子力問題はエネルギー政策上の選択肢の相対的比較衡量により解決できるようなものではない、と絶対的否定派が主張すると、原子力を拒否した場合の結果につき国際的影響を含めて考慮する義務が社会にあるのではないか、と相対的比較衡量派は応じた。また損害規模と発生率とを掛け合わせた技術的リスク公式をめぐり、小さな発生率の大損害が大きな発生率の小さな損害事例とその公式により相対化されてもなお、前者をより深刻と評価することは非合理ではないとする絶対拒否派に対し、相対的比較衡量論は、公式にはこだわらないものの、発生率を考慮すること自体は合理的であるとした。

重要なことは、原子力のリスクの考え方については異なる立場にたちつつも、現実の原子力とエネルギーの問題について倫理委員会として共通の判断が示されたことである。すなわち、ドイツにおいては原子力をリスクのより少ない技術によって、環境・経済・社会に配慮した仕方で代替できるのだという判断である。

4・7　脱原発とエネルギー転換のチャンス

倫理委員会の目標は、環境に優しく国際的な経済競争力と国内の豊かな生活を保障する信頼できるエネルギー供給のあり方を提案することであり、脱原発とエネルギー転換はそのための手段にすぎない。しかしこれは大きな挑戦であり、大きなリスクをともなう。脱原発で失われる電力を埋め合わせるために、既存の政策目標や秩序と衝突する可能性がある。他国の原発の電力を輸入せず、再生可能エネルギー拡大を急ぎすぎず、節電を強制せず、簡単に価格を引上げないといった目標を立てると、これを実行するには、政界、産業界、市民社会の全階層による透明性ある交渉のプロセスを備えた共同事業が必須となる。脱原発とエネルギー転換は複雑なプロセスであり、失敗のリスクを回避するには、専門家の経験や予測に委ねることなく、社会的なコントロールが必要となる。そこで様々な目標に対する比較衡量基準として、①気候保護、②安定供給、③経済性と資金的可能性、④コスト配分の社会的側面、⑤競争力、⑥研究と教育と技術革新、⑦輸入への依存、などが提案される。

エネルギー転換の基本方針は、省エネと再生可能エネルギーの抜本的拡大である。詳しく見れば、提言の主な柱は、①効率的なエネルギー利用（参加効果、スマートグリッド、建造物改築から省エネ都市改造）、②再生可能エネルギー、③電力卸市場、④化石燃料発電、⑤熱電併給、⑥インフラと電力貯蔵、など省エネと再生可能エネルギーの利用、そして効率的な化石燃料利用、インフラ整備である。そこで肝要なのは、共同事業への市民参加の重要性であり、エネルギー政策が市民の分権化された参加と自己決断に任せられる程度が高まるに応じて、エネルギー転換についての合意も早められ、市民社会を強めるという判断である。

4・8　大型技術の便益過大評価とリスクの過小評価

原子力施設などの大型技術に対しては、民間事業によってではなく社会によって保険をかけることが実際的に必要となる。そのときに、その利益は過大評価されてはならないはずであるのに、しかし非常に簡単に過大評価されうる。それゆえ保険対象と損害補償義務の範囲は、間違った価格シグナルを導きだす。社会的リスクの過小評価と利益の過大評価が認められるところでは、リスクへの補償責任と実際のリスクの引き受けとが乖離してしまっている。ノーベル賞を受賞した経済学者ジョセフ・スティグリッツは、最近、金融産業と原子力産業におけるリスク・マネージメントの比較において、次のように述べている。「ミスをしたときのコストを他人が負担する場合、自己欺瞞が助長される。損失は社会に支払わせ、利益は私有化されるようなシステムは、誤ったリスク管理だと非難せねばならない。」（『ガーディアン』２０１１年4月6日）

事故が引き起こしたコストを他人や国家が負担する場合には、モラル・ハザードにより、事故抑制へのインセンティブは弱められるのであり、これはエネルギー転換のリスクとしても受け止めねばならない。原子力だけでなく、再生可能エネルギーにおける分散型と集中型の比較衡量においても、こうした問題を考慮しなければならない。

以上のことは、原子力からのエネルギー転換がドイツにとって、リスクであると同時に、チャンスであるという認識にもつながる。エネルギー転換は、経済的リスクを最小限に抑えることができれば、耐久的な製品やサービスの輸出国として、ドイツが利益をさらに得るチャンスである。技術的にも経済的にも社会的にも、大きなチャンスである。ドイツは、脱原発が高い経済成果をもたらすチャンスであることを、国際社会に示すことができるからだ。ここには、再牛可能エネルギーの開発、利用、輸出で世界をリードし、雇用と地域経済活性化につなげ、リスクをチャンスに変えるというドイツのしたたかな戦略が読み取れる。

4・9　むすび

原子力の科学的基礎である核分裂連鎖反応は、ドイツで発見された。戦後も原子力民生利用のためにアメリカから導入した技術をもとに独自のタイプの原子炉を開発したとされる。そのドイツが福島の事故を受けて脱原発を国民の総意として決定した。その決定の基礎となったのがここで紹介したリスクと倫理の考え方である。そこから、人間の想定をはるかに超える制御不可能なことが起きるような技術は、「想定外」を失敗の言い訳にしないで、選択肢から排除する。自然と人類に対して責任のとれない技術は選択しないという社会的決定が導かれた。

ひるがえって日本の現状を見るならば、原子力とエネルギー政策について、国会での議論と国民的議論が少なく、推進当事者の経済産業省や原子力委員会が、審議会で計画を立て推進してきた。しかし、福島の事故を受けて、これまでの決め方を変えなければならない。原子力のリスクとコストやエネルギー「ベスト・ミックス」をめぐる現行の議論においても、その前提と大枠として、現在と未来の「自然と人類」に対する責任という社会的倫理的問題があることをまず認識すべきである。

いまだ福島の事故の収束の見通しは立たず、規模や範囲を確定することもできない被害のなかで多くの人々が不安を抱え苦しんでいる。このような現在の日本の厳しい現実にふさわしい、新しいリスク論の構築が求められている。

《本章は吉田文和・吉田晴代「原子力をめぐるリスクと倫理」『科学』２０１２年１月号を改訂したものである》

■コラム3■　労働時間と学校制度の日独比較

ドイツ人とアポイントメントを取るのは大変難しい。9月を過ぎて10月になっても、「ジャガイモ休暇」といわれる休暇で小学校が休みになり、家族で休暇に出かけることが多い。11月は比較的に時間がとれるが、12月になると後半はクリスマス休暇である。そもそもドイツでは、有給休暇が平均で年30日あり、これに祝日を加えると40日の休みとなる。管理職ではない社員に1日当たり10時間を超えて働かせることが法律で禁じられている。

これに対して、日本人の年間労働時間の長さは公式統計でもドイツの1・24倍で、日本1745時間に対して、ドイツは1397時間である（2012年、OECD統計）。しかし、一人当たりGDPは、日本35203ドル、ドイツ41231ドルで、ドイツは日本より17%多い。1時間当たりの労働生産性にいたっては、日本40・1ドル、ドイツ58・3ドルで、ドイツは日本の1・45倍である（日本生産性本部『労働生産性の国際比較』2012年版）。ようするに、ドイツ人は集中的に働いて、成果を出して、時間どおりに退社する。残業しなければならないのは、能力がないからだとみなされる。

しかし、ドイツが優れている面ばかりではないのは、学校制度の問題である。基礎学校（小学校）は4年生までで、10歳で卒業した後は、3つのコースに分かれる。大学進学コースのギムナジウム（9年制）、事務・専門職の実科学校（6年制）、職人養成の基幹学校（ハウプトシューレ、5年制）である。最近ではギムナジウム進学が増え、基幹学校が移民の子、落ちこぼれが行く学校になってしまったといわれる。これはフランスなども含め、ヨーロッパに共通の問題である。そもそも10歳で進路を選択しなければならないのは早すぎる。また、大学を含めて公教育は授業料なしで、各州の予算と方針で運営されているので、大学の設備や教員の待遇は必ずしも良くない。研究自体は、連邦政府の補助金で、各種研究所を中心に行われているのが実態である。

参考文献：熊谷徹『ドイツ人はなぜ、1年に150日休んでも仕事が回るのか』青春出版社、2015年

補論Ⅰ

「脱原発とエネルギー大転換に関する日独比較」ベルリン会議報告

福島はいまどうなっているのか、日本は54基あった原発なしでどうやって電力を賄っているのか、日本はなぜ、脱原発の方向を決められないのか？　こうした疑問が世界やドイツから日本に向けられている。逆に、福島事故を最終的なきっかけにして脱原発を決めたドイツは、電力代金の値上げで国民の不満が高まっているのではないか、再生可能エネルギーの見通しはどれだけあるのか。これらの疑問や課題を学問的に比較検討しようという「脱原発とエネルギー大転換に関する日独比較会議」が、２０１１年3月11日から2周年を迎えた２０１３年3月11日、12日にベルリンで開催された。合計で約50人の参加があり、活発な議論がかわされた。

ドイツは脱原発の方向を決めたが、国内でまだ9基が稼働している。これに対して、日本は、脱原発の方向は定まらないが、2基しか原発は稼働しておらず（２０１３年3月現在）、省エネも進んでいる。ドイツ側の状況は、諸報告の内容を要約すれば、次のようになる。ドイツの脱原発は逆戻りできない過程であるが、課題も多い。脱原発は可能だが、CO_2削減との両立が困難であり、既設建築物の断熱と交通分野からのCO_2削減が最大の課題である。エネルギー多消費産業と鉄道を免除した再生可能エネルギー法（ＥＥＧ）の改革は不可避であり、低所得者層への負担軽減が課題となり、送電網拡充とＥＵとの連携が遅れている。ここでは、ドイツ側の報告を中心に紹介したい。

環境省・エネルギー大転換副責任者・フランツヨーゼフ・シャウフハウゼン氏が「ドイツのエネルギー大転換、機会と挑戦」を基調報告した。２０２２年までに原発を廃止し、かつ温室効果ガスの40％以上を削減し、再生可能エネルギーで電力の35％を賄うというドイツの「エネルギー大転換」のドライバー（動因）は一体何か？　それは、エネルギーの安全保障と気候保全、そして持続可能な発展である。その際、電気はエネルギー利用の3分の1だけであり、残りの3分の2は熱と交通分野が占めていることが重要である。エネルギー大転換の目標である省エネは、交通部門と建物の断熱改造が柱である。電力分野は比較的に成功しているが、再生可能エネルギー固定価格買取制度による家庭部門の負担が大きくなっている。制度改革が必要であり、経済技術省（現在は経済エネルギー省）と環境省が協議中であるとした。

大転換への挑戦的課題は、電力容量市場（待機電力市場）の確立、送電網の拡大、柔軟性である。また、経済成長とCO_2発生との切り離しを進め、再生可能エネルギー生産と雇用を結びつけることであり、２０１１年には約38万人が関連産業に従事している。次の段階への課題は、コスト効率性、とくに太陽光分野、再生可能エネルギーの市場と送電網の統合、送電網と電力貯蔵の拡大、バイオエネルギーの拡大、ＥＵと世界との協力である。

この報告を受けて、政府モニタリング専門家委員会のハンス・ヨアヒム・ツイジンク博士が、「ドイツエネルギー大転換のモニタリング」について報告した。ドイツのエネルギー大転換は、再生可能エネルギーに大きなポテンシャルがある。原発の８基停止で、電力輸入があった一方、事実は電力輸出の方が多かった。脱原発は難しくないが、困難なのは CO_2 の同時的削減である。市場に任せていては成功しない。

エネルギー大転換のモニタリング報告は、倫理委員会報告でも強調され、経済技術省と環境省の責任で作成されて、それを専門家委員会が独立してコメントすることになった。二大目標は原発の廃止と CO_2 削減である。省エネの最重要課題は、交通と建物だが、取り組みが不十分である。再生可能エネルギーによる熱利用が不可欠である。電力市場改革が必要であり、電力容量市場が求められているという。本質的な問題は分配問題であり、再生可能エネルギーの固定価格買取による電力料金の値上がりは、経済的には負担可能であっても経済的弱者への負担を考慮する必要がある。電力市場の価格動向は、低下傾向にあり、原発が減っても電力価格は上昇していない。エネルギー大綱（２０１０年）で脱原発のコストを計算し、１５０―１６０億ユーロ（約１・８兆円）程度としている。各年ベースで見ると、それほど多くはないことがわかる。

ドイツの脱原発とエネルギー大転換の歴史的意義について、マーティン・イエニッケ教授（ベルリン自由大学）は「第三の産業革命――グリーン・エコノミーのダイナミズム」として報告した。1990年代からのＩＴＣとマイクロエレクトロニクスの進展、再生可能エネルギーと省エネの急速な進行は、広範囲であり、社会経済システムへの効果がある。とくに、世界的な化石燃料の値上がりを背景として、再生可能エネルギーの目標を持ち、拡大する国が増えている。イノベーションと市場拡大が進行している。中国でも風力発電容量が世界一となり、再生可能エネルギー拡大へのスピードは予想以上に加速している。そこで、必要なことは、温室効果ガスの削減と重層的なガバナンスであり、国ごとの先進事例である。ここでガバナンスとは、すなわち環境問題に対するどのような政策・制度的対応と民主主義的プロセスが、持続可能な発展を現実化しえるのか、である。グローバル、リージョナル、ナショナル、ローカルといった重層性をともない、各層間が相互作用をともなって動態化している。後発国では高速化のメリットがある。物質使用を削減し、雇用を拡大して、脱原発とエネルギー転換を果たすことが肝要である。

長年にわたり日独の環境政策を比較研究してきて、『環境と公害』（岩波書店）誌にも寄稿しているヘルムート・ワイトナー博士（ベルリン社会科学センター）は、「ドイツの気候政策」として報告した。ワイトナー氏は1975年ごろから、日本とドイツの環境政策の実証的研究に取り組んできた。今回でベルリン社会科学センターを定年になる記念すべき会議となった。ワイトナー氏は、気候変動政策、とくにＣＤＭ（クリーン開発メカニズム）や排出量取引などについては、懐疑的である。というのは、全体のコストと効率のみでなく、グローバルに見た公平性と公共性が大切な基準だからである。例えば、一人当たりのCO_2排出にはまだ大きな格差がある。環境政策にはパイオニア的な国が必要であり、ドイツの「エコロジー的近代化」はその具体化である。ドイツの気候政策の成果は、先行者利益を得て、相対的には成功したといえる。先行者には、基準を設定できる強みがある。世界的な格差の拡大に対して「グローバルな正義」と「分配的な正義」が大切である。負担の公平性が大切であり、これは挑戦的課題である。福島の事故によって、ドイツは脱原発を最終決定したのに、日本はなぜ変わらないのか？　ドイツはなぜ変わったのか？　その背景として、戦争による東西ドイツの分割を深刻に受け止め、反省したこと、そして、ドイツにおける非物資的価値の問題や1960年代の学生運動が「緑の党」の結成に結びついたこと、などの特質があるという。

エネルギー大転換に伴う挑戦的課題について、クリスチャン・ヘイ・ドイツ環境諮問委員会事務局長は「大転換の危機、100％再生可能エネルギーに向けて鍵となる問題」として報告した。エネルギー大転換の目的は、脱炭素化、化石燃料輸入依存の低減、「緑の成長」（投資と雇用）であり、そのために技術イノベーション、システム統合、政治的合意、グローバルな役割モデルが鍵となる。100％再生可能エネルギーは現実的であり、鍵となるのはコスト低下の学習曲線モデルである。課題は、あまりに再生可能エネルギーの成長が速いので、そのためのコストがかかり、制御できなくなることである。また送電網の拡大が遅れている問題がある。送電網の拡大のためには、地域での受け入れのインセンティブ・システムを変える必要がある。市民の初期からの継続的参加が鍵となる。

ドイツの脱原発の歴史的経緯について、ルッツ・メッツ博士（ベルリン自由大学）が「ドイツの脱原発政策」を報告した。それによれば、ドイツの脱原発政策は急いで決められたものではなく、1980年代からの長い道のりがあった。ドイツでは、1956―57年から原子力からの電力利用プログラムが始められた。放射性廃棄物は、1965年からアッセで貯蔵が始められた。ドイツは、石油危機に遭遇して、原子力開発が促進される一方で、国内で核兵器配備反対運動が広がり、1979―80年の「緑の党」の結成につながった。また、反核兵器と反原発が連合した。1986年のチェルノブイリ原発事故をきっかけとして、社会民主党と労働組合は原子力反対に方向転換した。1986年には、経済省が脱原発の効果を検討を開始し、また最終的に核燃料サイクルの放棄を決めている（2005年）。1998年には、社会民主党と「緑の党」の連合政権ができ、2002年に2022年までの脱原発を決めた。しかし、脱原発を決めても産業が抱える問題は多い。一つは放射性廃棄物の問題であり、また原子力関係の技能を持つ技術者と労働者の雇用確保の問題がある。テロ対策、核拡散対策も必要である。2010年にキリスト教民主同盟は、脱原発の期限を延長しようとしたが、他方で再生可能エネルギーと省エネを進めるエネルギー大綱も出された。原子力発電所の解体のコストは、建設コストよりも高い。課題は、再生可能エネルギー拡大と省エネを進めることであるが、電力自由化は、安定供給が最大の課題である。

ドイツの脱原発に関連して、残る問題群のなかで、放射性廃棄物問題について、ロザリア・ディヌッチ博士（ベルリン自由大学）が「ドイツの放射性廃棄物管理」として報告した。ドイツの放射性廃棄物管理問題は、政治問題化している。重要なことは、「フレーム」（枠組み、問題の立て方）である。利害と中心的な考え方が鍵となる。主なアクター（関係者）は、政府、各州政府、郡、NGO、産業、研究者とメディアである。この問題は典型的なNIMBY（迷惑施設反対）現象となった。2022年までは乾式中間貯蔵で、2030―2100年までに最終貯蔵となる計画であるが、困難な課題である。ベルリン自由大学の環境政策研究所と他の研究機関によるプロジェクトは、重層的なガバナンスの見通しを立てる計画である（さきに紹介した *Nuclear Waste Governance*, 2015はその成果である）。

また、デルテ・オールホルスト博士（ベルリン自由大学）が「ドイツのエネルギー大転換と公共的受容性」について報告した。ドイツの大学と研究所の研究連合「ヘルムホルツ連合」によって、ドイツのエネルギー大転換に関する党派を超えたコンセンサスについての研究を行っている。再生可能エネルギーへの反対運動も起きている。なぜ、抵抗があるのか。生態系、生物多様性への被害、鳥の衝突、人間の健康被害、公平性、立地決定の仕方などの問題がある。その背景としては、プロジェクトの必要性の理解、決定方法への不信、参加が不十分、などがある。送電線建設問題についても、影響を受ける町村、市民一人一人、その負担、自然保護の問題が生ずる。反対の理由をしっかりと受け止める必要があり、公平な参加プロセス、情報と対話を提供して、どのようにして、受容性の広がりを拡大していくか、反対は改善への機会を提供していると見るべきであるという。

日本側は、私が包括的な報告を行い、鈴木一人（北海道大学）「安全神話」、大島堅一（立命館大学）「原子力のコスト」、本田宏（北海学園大学）「戦後政治と原発」、大沼進（補北海道大学）「放射性廃棄物と市民参加」、渡邊理恵（新潟県立大学）「福島後の原子力政策」、東愛子（北海道大学）「原発なしの電力のコスト」などの報告が行われた。これ以外に大学院生から、韓国、アメリカ、日本の脱原発運動についても報告がなされた。

ドイツについては、現下のエネルギー情勢、シェールガス問題、ＥＵＥＴＳ（欧州排出量取引制度）の低価格、電力会社への補償問題、日本については、核拡散と抑止問題、ＮＧＯや住民の反応や情報公開、「原子力ムラ」など、について活発な質疑が行われた。はじめての学術交流ということでもあり、研究の紹介にとどまった面があるが、今後共通のテーマで研究交流を続けていくことが確認された。脱原発とエネルギー大転換は長く続く過程であり、時間がかかる一大テーマであるからである。

《補論Ⅰは朝日新聞 webronza ２０１３年４月19日、20日を改訂したものである》

なお、本会議の日本側の報告は以下に掲載されている。Fumikazu Yoshida eds., "A Comparison of Japanese and German Approaches to Denuclearization and the Transformation of the Energy System: A Review of a Conference held in Berlin," 北海道大学『経済学研究』第64巻第２号、２０１４年　http://eprints.lib.hokudai.ac.jp/dspace/bitstream/2115/57555/1/ES64(2)_87.pdf

補論Ⅱ

続・ベルリン会議報告 ——グローバルな「エネルギー大転換」

ドイツは「エネルギー大転換」について、どのような展望を持っているのだろうか。２０１５年３月２日、ベルリンの環境省で行われた日本環境省とのミニＷＳ（ワークショップ）で、ドイツ環境省と経済エネルギー省の取組を次のように述べた。再生可能エネルギーは電力比率で25％を超えたが、温室効果ガス排出も増加したのは、褐炭発電のためであり、余剰分はオランダなどへ電力輸出された。温室効果ガス排出を約２２００万トン（約８％）減らす必要がある。そのため省エネ国家行動計画（National Action Plan on Energy Efficiency：ＮＡＰＥ、２０１４年12月）をつくり省エネで２０３０年１９９０年比40％削減を目指す。すべての関係者の参加、熱と交通分野・建物分野の省エネ推進、ＥＵＥＴＳ（欧州排出量取引制度）の改善に取り組むという。

再生可能エネルギーを含むエネルギー問題全般を担当する経済エネルギー省側は３つの焦点につ

いて述べた。第1は2014年の再生可能エネルギー固定価格買取制度（EEG）改革であり、この改革により買取価格を低減させながら、いかに再生可能エネルギー導入を図るかである。第2はトップランナー制度の導入などによる省エネの促進であり、第3は送電網の拡大である。2022年夏には再生可能エネルギーのみにより電力を賄えるように、送電系統整備、フレキシブルな発電、スマートグリッド、蓄電などを整備する必要があるという。

ベルリン自由大学で行われた「世界におけるエネルギー大転換」WSは、2015年3月4日と5日の2日間にわたり、40名近くの参加で24本の報告があった。2013年3月に行われた日独会議に続き、ドイツと日本における脱原発とエネルギー大転換を中心に、グローバルな視点からの「エネルギー大転換」を比較検討した。会議では、まず私が「日本のエネルギーミックス議論の前提」として、最近の日本における原発を含むエネルギーミックス論を批判的に紹介し、原発再稼働を前提とした再生可能エネルギー買取制度の後退について説明する一方、地域からの再生可能エネルギー拡大と地域再生への取組について北海道の事例を分析・紹介し、日本がドイツから学ぶべき点とドイツが省エネの取り組みなどを日本から学べる点について提案した。

本田宏教授（北海学園大学）は、日本が脱原発の方向に進まない制度的要因について、国際的な政治レジームの視点から、原子力の民生利用の歴史、国家の関与の程度、放射能の安全防護の国際的体制などの側面から分析した。関連して、ヘルムート・ワイトナー博士（ベルリン自由大学）は、「福島の困惑――なぜ政治的ショックの波が東京よりもベルリンで強かったのか?」と題して、福島原発事故をきっかけに最終的に脱原発を決めたドイツと日本との政治制度比較を行った。とくに経路依存性（歴史的経過）と政治的能力形成（緑の党の結成、社会民主党との連合政権で脱原発政策と日程を一度決めたこと）、政治的機会の利用の側面（スリーマイル島事故、チェルノブイリ事故、福島事故などを変革への機会として利用したこと）、とくに認識論的戦略能力（「生活の質」や持続可能性などを重視する立場）の視点が強調された。

ミランダ・シュラーズ教授（ベルリン自由大学環境政策研究所長）は、「低炭素エネルギー転換と気候変動交渉」という視点からアメリカ、中国、EUそして日本の政策について比較分析した。とくにウクライナ問題によるエネルギー供給安定性の問題が浮上し、石炭への依存度がドイツとポーランドで増している一方、日本などのハイテク指向の低炭素化戦略について批判的に紹介した。関連してマーティン・イエニッケ教授（国際高等サステナビリティ研究所）は「国際的関連におけるドイツのエネルギー大転換」について、とくに世界の人口比で大きな中国とインドの省エネと再生可能エネルギーに注目して、ドイツのデモンストレーション効果と先行市場の役割について強調した。

放射性廃棄物問題については、ロザリア・ディヌッチ博士（ベルリン自由大学）が、EUレベルの各国の取組についてEUユーラトム放射性廃棄物指令をもとに参加と受容性を焦点に比較分析した。これに対して、大沼進准教授（北海道大学）は、日本の幌延の放射性廃棄物の深地層処分研究問題について東京、大阪、札幌、そして現地での住民の受け止めかたの比較調査を行った結果を報告した。ドイツの放射性廃棄物問題については、長年ドイツの原子力問題を研究してきたルッツ・メッツ博士（ベルリン自由大学）から、歴史的経緯と現状について詳細な報告があった。高レベル放射性廃棄物処分の候補地であったゴアレーベンは今後候補ではなくなり、アッセは地下貯蔵中の廃棄物処分場に水が流れ込み、再取り出しが必要な事態となっている。

エネルギー転換の経済効果について、日本の氏川恵次教授（横浜国立大学）から、投入産出分析を使った日本におけるエネルギーミックス分析の批判的紹介があった。これに対して、ドイツ側はディートマー・エドラー博士（ドイツ経済研究所）が、同様の手法で、再生可能エネルギーによる雇用効果は40万人近くあり、国内産業が育ち、今後の送電網拡大、貯蔵、市場デザインなどが課題となるが、省エネ（エネルギー効率）については、コンセンサスと政治的コミットメントがまだできていないという報告があった。関連して、建物の省エネについての日独比較と協力について西村健佑氏（コンサルタント）から報告があった。

ドイツの再生可能エネルギーの送電網への優先接続の実態について、竹濱朝美教授（立命館大学）から旧東ドイツ部分の50ヘルツ社を中心に詳細な報告があった。ドイツの場合、法律で優先接続が保障され、出力抑制の順序も再生可能エネルギーが最後になるように定められている。その運用実態と日本との違いが報告された。

福島事故以降の事態に関して、渡邊理恵准教授（新潟県立大学）から新潟県の事例について、再稼働問題に関する新潟県と国および東電との交渉についての報告があった。また、福島原発に関連した避難民の帰還政策と補償問題についてレシュケ綾香氏（チューリッヒ大学）から聴取り調査の報告があった。さらに原発停止後の日本における石炭火力発電の動向について東愛子准教授（尚絅学院大学）から報告があり、ドイツからもカロリーナ・ヤンコフスカ博士からエネルギー大転換と地域の石炭火力発電問題について関連団体の分析も含めて報告があった。

このほか、カナダ、アルゼンチン、アメリカ、中国、フィリピン、ポーランドなどグローバルな視点からの「エネルギー大転換」についての比較研究が若手研究者から報告されたのは大変有益であった。以上のように今回の会議は、エネルギー大転換の各テーマについて、かみ合った研究と議論が行なわれ、さらに日独を超えてグローバルな視点からの分析を展望するものとなったのは意義深く、今後、息の長い共同研究を続けていくことが確認された。世界的規模では、気候変動のリスク、原子力のリスク、供給安定のリスクの３つのリスクに総合的に対処していくために、再生可能エネルギーの拡大とエネルギー効率の向上（省エネ）の抜本的強化が必要になっており、この二つの政策目標を統合したスローガンとして「エネルギー大転換」が位置づけられることは、たんにドイツ一国のみならずＥＵと世界の政策課題として提起されることとして示されている。

《補論Ⅱは朝日新聞 webronza ２０１５年３月31日を改訂したものである》

第Ⅱ部

エネルギー大転換の制度と枠組み

第１章 エネルギー大転換の目標・枠組み・政策手段

１・１　はじめに

第Ｉ部のはじめに引用したように、メルケル首相が２０１５年に来日した際に「ドイツの最後の原発は２０２２年に停止し、核の平和的利用の時代が終わって、私たちは別のエネルギー制度を築き上げるのだという決定です」と述べた「別のエネルギー制度を築き上げること」が「エネルギー大転換」（Energiewende）である。

２０１０年に決められたドイツのエネルギー長期計画である「エネルギー大綱」の目的は、供給安定性、環境性、経済競争力を確保しながら、１９９０年比で２０２０年までに温室効果ガス40％削減、２０２２年までの脱原発を実現することである。そのための再生可能エネルギー18％（一次エネルギー比）、省エネにより一次エネルギー消費の20％削減を目指す。具体的には２０２０年までに電力中の再生可能エネルギー比35％、電力消費10％削減、熱消費20％削減、交通分野におけるエネルギー消費10％削減を目指す。そこでエネルギー生産性（消費エネルギー当たりの生産金額、GDPを年間消費一次エネルギーで割ったもの）を毎年2・1％向上させることが必要である（表5参照、Bundesministerium für Wirtschaft und Energie, 2014, "Bericht des Bundesministeriums für Wirtschaft und Energie nach § 63 Abs. 2a EnWG zur Wirksamkeit und Notwendigkeit der Maßnahmen nach den §§ 13 Abs. 1a und 1b, 13a-c und 16 Abs. 2a EnWG"）。

エネルギーの種類と単位

一次エネルギーとは、石炭、石油、天然ガス、水力など、自然にあるがままの形状で得られるエネルギーのことである。これに対して、ガソリンや電気など加工されたエネルギーを二次エネルギーという。石炭、石油、天然ガスなどの化石燃料に対して、太陽光、風力などのエネルギーは、一度利用しても比較的短時間に再生が可能であり、資源が枯渇しないので、再生可能エネルギーという。

再生可能エネルギーの実態を理解するうえで、発電容量と発電量の違いを理解することが肝要である。発電容量は車でいえば馬力であり、発電量は走行距離にあたる。また、設備容量は発電機の大きさであり、出力は瞬間時間で発電される電力の大きさで、発電量は出力×時間数である。小さい容量でも常に働くと、発電量は大きい。
　エネルギーの単位として、1GW（ギガワット）は1000MW（メガワット）であり、100万kW（キロワット）である。これは大型の原子力発電所の出力に相当する。1kWは1000W（ワット）である。したがって、1GWは10億Wに相当する。

二本柱の一つである再生可能エネルギー拡大のために、EEG（再生可能エネルギー法）2014年改革を行い、①再生可能エネルギー拡大のコントロール、電力中の比率で40−45％（2025年）を目指す、②拡大はコストを下げながら行い、再生可能エネルギーの中心である風力と太陽光に対する補助金は減らしていく、③再生可能エネルギーの電力市場への統合、直接取引を義務化する、④EEG賦課金を自家消費分にも拡大する、という方針である（詳細は次節参照）。賦課金は政府の赤字支出と同じで、最終消費者が負担するところが異なるだけなので、できるだけ早くなす方向である（専門家委員会報告の第375項目での指摘。Expertenkommission zum Monitoring-Prozess, 2014, "Energie der Zukunft, Stellungnahme zum ersten Fortschrittsbericht der Bundesregierung für das Berichtsjahr 2013）。

図3　エネルギー大綱の目標構造

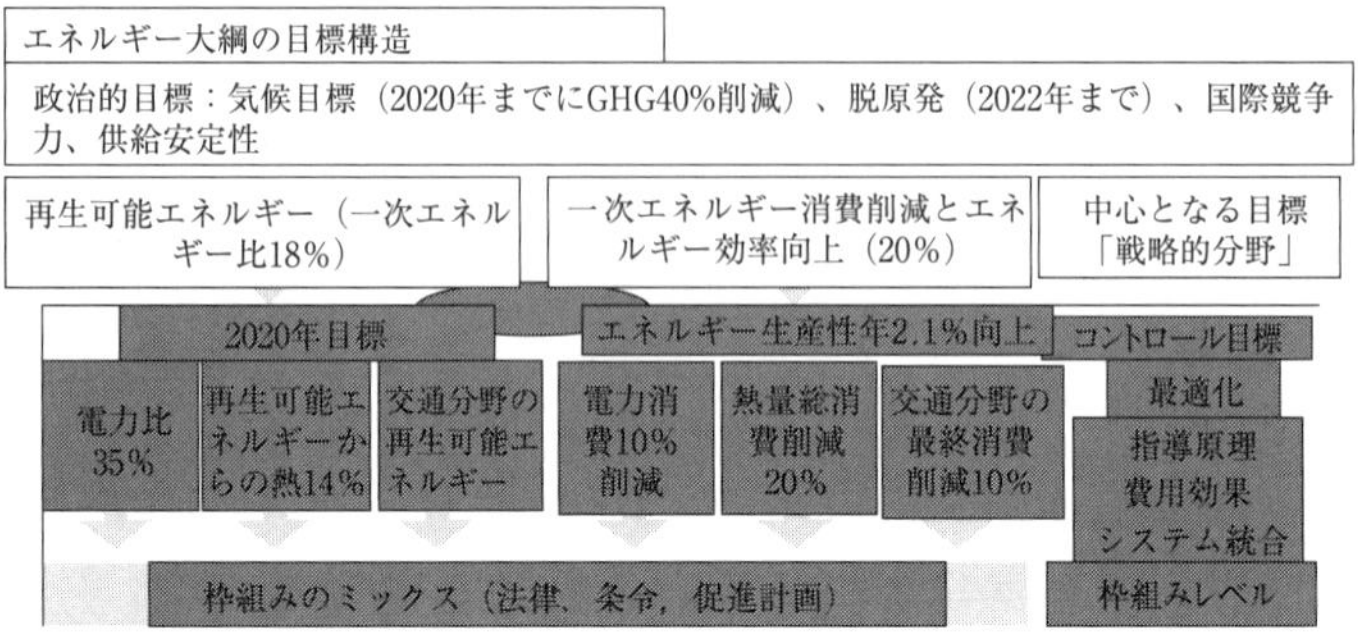

出典：Bundesministerium für Wirtschaft und Energie, 2015, Die Energie der Zukunft, Vieten Fortschrittsbericht zur Energiewende, p.9.

1・2　目標設定

以上をまとめると、エネルギー政策の二本柱は、脱原発（2022年）とエネルギー大転換（温室効果ガス2020年40％削減、2050年80％削減）であり、そのエネルギー大転換の二本柱は再生可能エネルギーとエネルギー効率化（省エネ）というところにある。そのための政策体系と目標が明示されている（図3）。エネルギー関係（電力、熱、交通）、温室効果ガスの現状と今後の年次目標も示されている（表5）。

1・3　エネルギー消費とエネルギー効率

ドイツの2014年の発電量は43％が石炭と褐炭で、原子力は15・8％、天然ガスは9・5％を賄い、再生可能エネルギーは生産額で26・2％に達した（図4参照）。経済成長とエネルギー消費の切り離しが見られるものの、

表5　現状とエネルギー大転換の量的目標

年	2014	2020	2030	2040	2050
GHG（1990比）	−27%	−40%	−55%	−70%	−80%〜−95%
再生可能エネルギー 総エネルギー消費比	13.5%	18%	30%	45%	60%
電力比	27.4%	35%	50%	65%	80%
熱消費比	12.0%	14%			
交通消費比	5.6%				
エネルギー消費削減	エネルギー 効率向上				
一次エネルギー	−8.7%	−20%			−50%
エネルギー生産性	1.6%／年 (2008〜2014)	2.1%／年 (2008〜2050)			
総消費	−4.6%	−10%			−25%
一次エネルギー需要	−14.8%				−80%
熱需要	−12.4%	−20%			
交通最終エネルギー消費（2005）	1.7%	−10%			−40%

出典：Bundesministerium für Wirtschaft und Energie, 2015, Die Energie der Zukunft, Vieten Fortschrittsbericht zur Energiewende, p.7.

1次エネルギー消費の20％削減（2020年）には、さらに追加的手段が必要である。現状では7・2％―10・1％の削減に止まり、追加の手段で9・8％―12・8％をさらに減らす必要がある。そのために省エネ国家行動計画（NAPE、2014年12月）を作成して、省エネのための競争入札、建物断熱のための税制と補助、省エネのためのネットワークをつくる。3つの柱は、①建物分野の省エネ、②省エネのためのビジネスモデル、③省エネの責任を持たせること、である。

　省エネのための広い政策手段として、ラベリング（EUトップランナー方式など）、省エネ基準、ピーク

図4　ドイツの電源ごとの発電量の推移

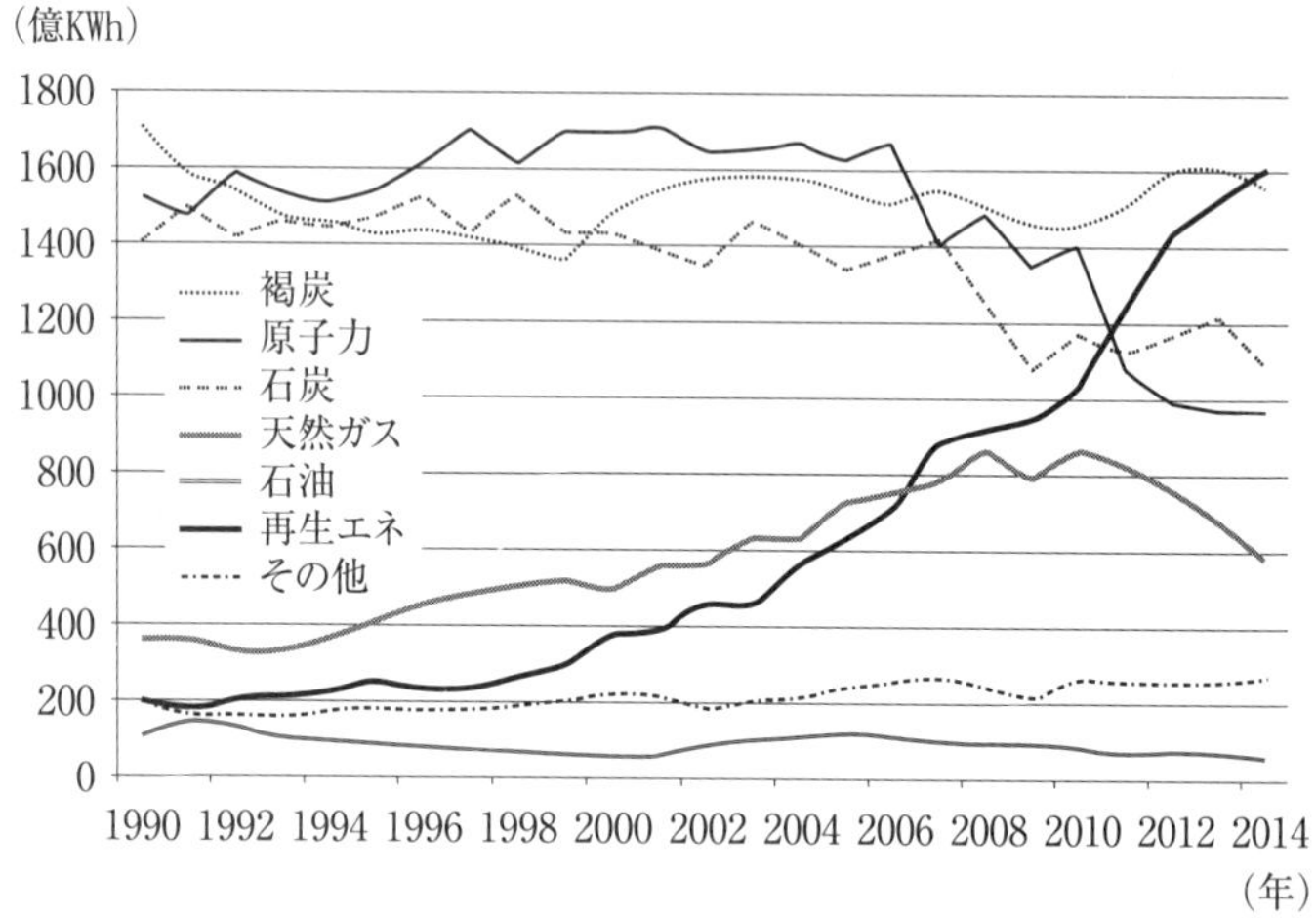

出典：Arbeitsgemeinshaft Energiebilanzen (AGEB), Bruttostromerzeugung in Deutschland ab 1990 nach Energieträgenrn

カットのための税、省エネ先端技術（LEDなど）の利用、建物オーナーへの行政や専門家のアドバイスとコンサルティング、などがある。

1・4　省エネ改造と省エネビル

ドイツは省エネ改造のための包括的な政策を立てている。政策枠組み、経済的インセンティブの構築、情報提供などである。建物関係でドイツのエネルギー消費の37・6%を占める。数百万の建物は省エネ法の前につくられた。焦点は経済的インセンティブにある。復興金融公庫（KfW）の融資、改造減税などで全体の投資額は1670億ユーロにのぼり、30万人の雇用が生まれる。借家法におけ

図5　ドイツのエネルギー・フロー（2013年）

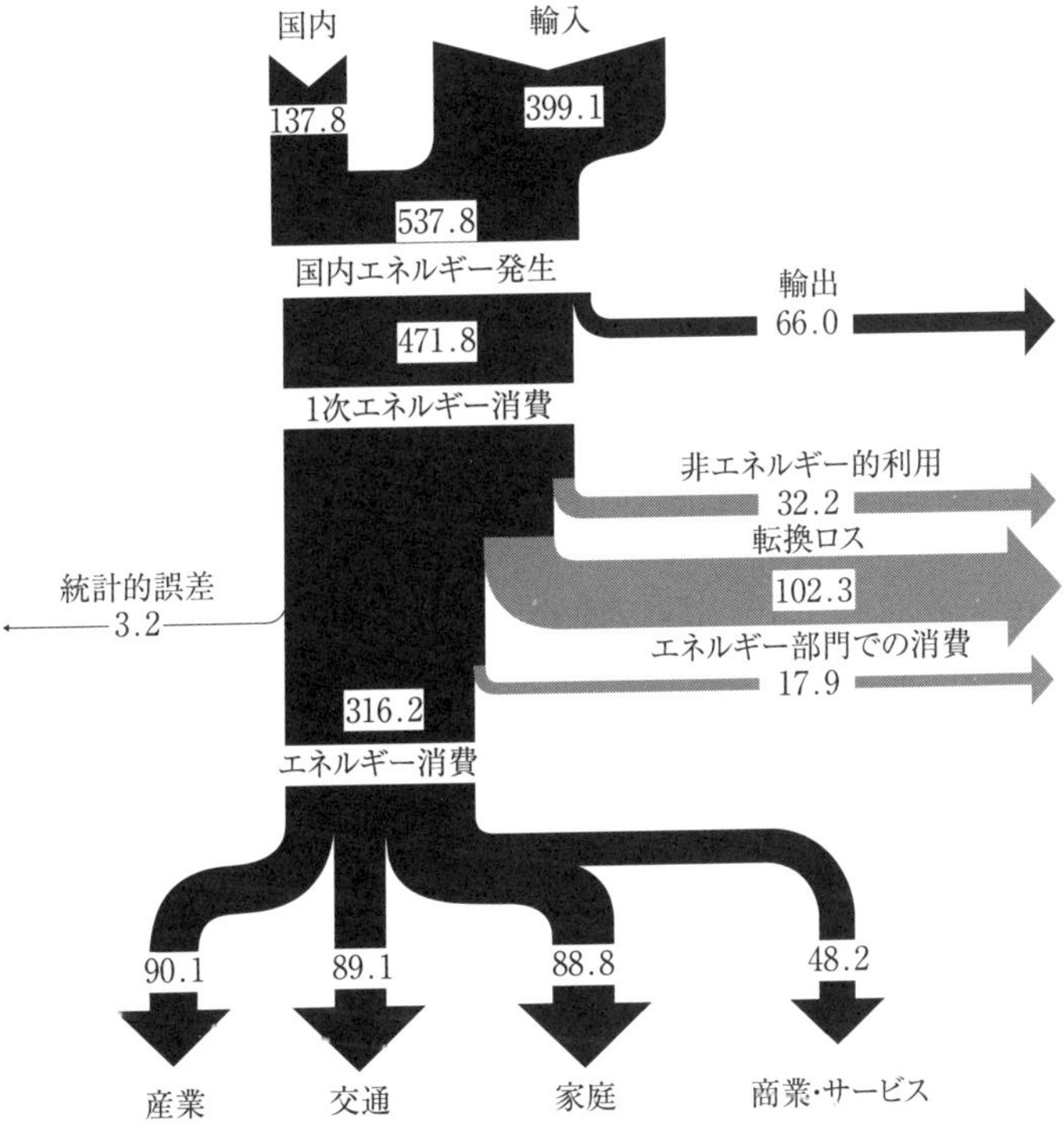

注：1）単位は100万トン石炭単位
　　2）1石炭単位＝7000kcal
出典：Arbeitsgemeinschaft Energiebilanzen (AGEB), Bruttostromerzeugung in Deutschland ab 1990 nach Energieträgern

る熱供給契約の枠組みで、専門的熱供給者とオーナーの契約により契約の安定性をはかる。省エネ国家行動計画NAPEによれば、省エネ改造した方が賃料を高くできるようになり、オーナーに省エネ改造のインセンティブを持たせるようにする（BMWi, 2014,

"Mehr aus Energie Machen, Nationaler Aktionsplan Energieeffizienz")。ドイツの賃料は一般に暖房費などを抜いた暖房費抜き賃料 Kaltemiete と、暖房費や共益費を含む賃料 Wärmmiete に分けられており、省エネ改造により暖房費抜き賃料は上がるが、その分暖房費が下がるためトータルの暖房費込賃料への影響は差がでない工夫も仕組みとして議論されている。賃貸料が値上げされて貧困層が困る、ということにならない工夫も議論されている（西村健佑氏による）。

1・5　交通分野

交通輸送量が増加したほどには一次エネルギー消費は伸びていないが、2030年までに11％消費を減らさなければならない。そのためにはトラックへの通行税、公共交通・自転車・歩行の促進、電気自動車の利用（電気自動車プログラム2011）、航空・海運分野への規制、EUの自動車規制、NAPE計画（Mobility-Fuel Strategy）の実施、代替燃料タンクの設置（EU, Clean Power for Transport, 2016年末まで）が必要である。

1・6　温室効果ガス削減

現状のままでは2020年の温室効果ガスの削減率は33―34％にとどまり、40％削減目標とのギャップは６―７％残るので、全ての部門での追加的手段が必要である。ＥＵＥＴＳ（欧州排出量取引制度）の改革、再生可能エネルギー拡大、ＣＨＰ（熱電併給）拡大が必要である。産業部門は20％の排出割合があり、産業排熱回収など省エネと再生可能エネルギー利用の技術的経済的ポテンシャルがある。商業サービス部門と非住宅部門での省エネも重要である。家庭部門が温室効果ガスの排出10％を占め、再生可能エネルギー熱法（Erneuerbare-Energien-Wärmegesetz：ＥＥＷ）などを使い、下水道排熱回収などもできる。運輸交通分野は13％（１９９０年）から増加し、18％になった。新車への排出規制、電気自動車普及、トラック通行税、鉄道輸送などを強化する必要がある。

１・７　専門家委員会の批判と提言

以上のようなドイツ経済エネルギー省のエネルギー大転換モニタリング報告（２０１４年12月）と省エネ国家行動計画（ＮＡＰＥ）について、モニタリング報告に対する専門家委員会報告は、次のように批判的なコメントと提言を行っている（Expertenkommission zum Monitoring-Prozess, 2014, "Energie der Zukunft"）。

最大の問題は、２０１０年のエネルギー大綱が２０２０年温室効果ガス40％削減という野心的な要求を出しているのに対して、これまでの政策効果と提起された手段が十分に検討されていないことであるという。モデルを使った分析は、外挿法（ある既知の数値データを基にして、そのデータの範囲の外側で予想される数値を求めること）により2020年目標達成を検討しているが、むしろ2030年目標を検討すべきであるという。大きな投資の効果が出るまでには時間がかかるので、2020年まででは短すぎる。2020年の温室効果ガス削減が33－34％程度（1990年比）にとどまると認めたことは評価できるが、これまでの政策分析と追加的手段の効果分析が不十分であるという。電力部門に短期的な削減ポテンシャルはあるものの、石炭火力発電所の扱いの問題があり難しいので、EUETS（欧州排出量取引制度）を使う方法も検討に値するという。すべての分野での削減努力が必要であるにもかかわらず、多くの政策手段がまだ実施されていない。省エネ国家行動計画（NAPE）により2020年目標とのギャップを埋められるとは考えられない。リバウンド効果（省エネによる費用低下のためにエネルギー需要を増加させ、省エネ効果を相殺させること）も考慮する必要がある。省エネが進めば、再生可能エネルギーの35％目標達成は進む可能性があるが、熱と交通分野での再生可能エネルギーの普及が遅れている。

発電所と送電網の問題では、ピークロード時を問題としたことは評価できるが、地域的に不足するところが出てくるのが問題である。ドイツ南部では脱原発により6・8GWの設備容量がなくなるのに対して、1GW（原発一基分）しか新設されず、ドイツ北部からの送電網が不足している。送電網建設への「政治的抵抗」があり、再給電せざるをえないという。再給電とは混雑緩和と超過負担を低減するために、地域内の発電機の出力負荷を増減させることで、電気の潮流を改善させて、混雑を解消させる手法である。給電発電所の変更を伴う再給電によって調整を指令する日数は、例えば旧東ドイツを中心とする送電系統運用会社（Trasmission System Operator：ＴＳＯ）の50ヘルツ社（Vattenfall 社から分離された）の場合、年間２６５日を超え、費用も1億ユーロかかった（50ヘルツ社聞取りによる、２０１４年2月）。同社はＤＬＲ（動的送電定格）を適用した送電線において平均約30％の送電容量の増加を達成した。また、需要調整エリア間の協調により、出力が変動する再生可能エネルギーの大きな増加のもとで、ドイツのＴＳＯは予備力の必要量を低減することができたとＩＥＡ（国際エネルギー機関）から評価されている（ＩＥＡ『電力の変革』２０１４年、１００―１０２頁）。

送電コストのうちで最大の部分は、二次送電系統（小規模発電所や二次変電所などを結ぶ送電網）コントロールのコスト（約3億ユーロ）、エネルギー損失（約3億ユーロ）である。ドイツ全体では、２０１３年の再給電は７９６５時間、４万３５９０ＧＷｈになった。２０１４年から２０１５年にかけて再給電要請は６・２ＧＷ、予備力要請は３・１ＧＷになる見通しであるが（BMWi, 2014, Bericht des Bundesministeriums für Wirtschaft und Energie nach § 63 Abs. 2a EnWG zur Wirksamkeit und Notwendigkeit der Maßnahmen nach den §§ 13 Abs. 1a und 1b, 13a-c und 16 Abs. 2a EnWG2, Tabelle1, 2）、南部の原発を予備力とすることは政治的に避けなければならないという。エネルギー大転換の社会的受け止めについては、約3分の2の市民が肯定的であるものの、実施方法への不満があり、最近は電力料金値上がりの問題もあり、満足度が低下している。参加と信頼、透明性を高める努力が不可欠であり、低所得層や老人などへの負担増加、「エネルギー貧困」問題への対応も必要である。再生可能エネルギーへ投資できる家庭は、比較的高い所得階層であるのに対して、賦課金の負担は、所得の低い家庭も負担しなければならない。2013年で、全ドイツの約500万人が電力料金を滞納する「電力貧困」であり、そのうち170万人が「エネルギー大転換」によるものと推定されている（Heinz-J. Bontrup, Ralf-M. Marquardt, *Die Energiewende*, 2015, 73）。

なお、ドイツにおける再生可能エネルギーと系統運用の詳細については、竹濱朝美「ドイツにおける風力発電の給電データ開示制度と系統運用の現状」（『風力発電協会誌（JWPA）』第9号、2013年）が詳しい。エネルギー事業法（Energiewirtschaftsgesetz：EnWG）第13条に基づき以下の順序で出力調整と補償を行うことになっている。①系統運用措置（給電発電所の変更）、②市場的措置（需給調整用調整力の投入）、③在来電源に対する出力抑制、④再生可能エネルギー電源に対する出力抑制。このように、ドイツでは再生可能エネルギーに対する出力抑制は最後に行われるのである。

1・8　日本における電源ミックス論

以上のようなドイツにおけるエネルギー大転換の計画に対して、日本は福島原発事故から4年近くたっても、エネルギーの長期計画が立てられないできた。そこで経済産業省の総合資源エネルギー調査会基本政策分科会は「長期エネルギー需給見通し小委員会」を設置し、2015年1月から議論し、2030年の「電源ミックス」（再生可能エネルギー22－24％、原子力22－20％、温室効果ガス2013年比26％削減）を決めた。かつて、民主党時代にも審議会で2年近く議論されても結論が出ず、今回はメンバーを大幅に入れ替えての再出発であった。

総合資源エネルギー調査会であるならば、電力のみならず、日本のエネルギーの供給・消費の全体像を明らかにして、その現状分析、政策目標設定、政策体系のあり方を検討するという論理的な議論の方法が導き出されるはずである。とくに原子力については、福島原発の事故で起きた事態を踏まえて、事故の背景、原因、結果の総合的な検討を行い、今後の電力における原子力の位置づけ、長期的なあり方などの議論があってしかるべきである。

福島の事故により、「原発は安い」「原発は安全」といわれてきた前提条件が大きく崩れたのであり、いまだに11万人が避難をせざるを得ないという前代未聞の事態となっている。原子力を続ける場合には、この面からの検証が不可欠である。「人間は技術的に可能なことを何でもやってよいわけではない」、それは社会が判断するという倫理（『ドイツ脱原発倫理委員会報告』2011年5月）が必要なのである。

2014年4月に閣議決定された「エネルギー基本計画」では、原子力を『エネルギー需給構造の安定性に寄与する重要なベースロード電源」と位置付けた一方、原発依存度については「省エネルギー・再生可能エネルギーの導入や火力発電所の効率化などにより、可能な限り低減させる」と

図6　日本のエネルギー・フロー（2010年）

単位：10^{15}J

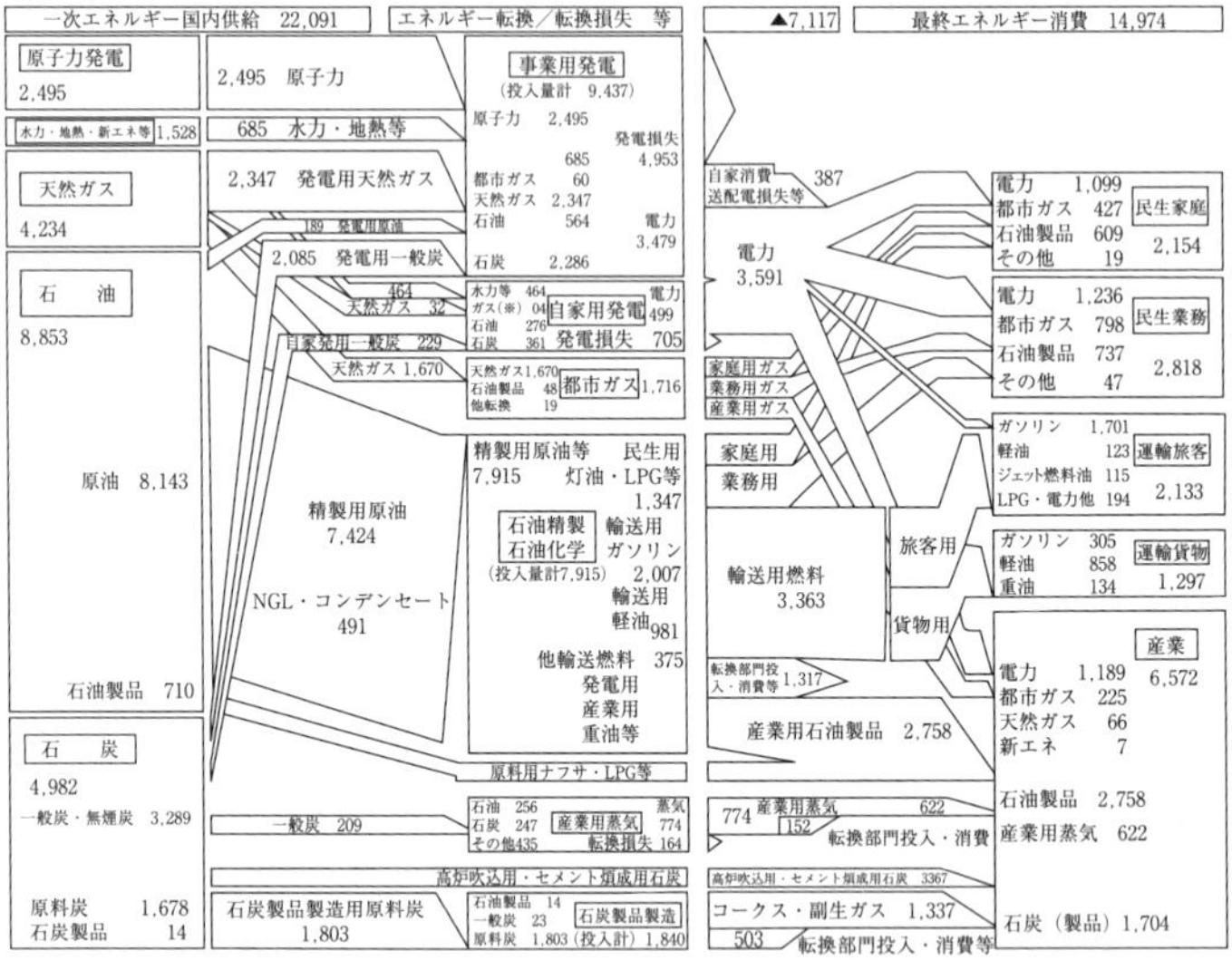

出典：経済産業省『エネルギー白書』2011年【第200-1-3】我が国のエネルギーバランス・フロー概要

の方針を打ち出している。しかし「重要なベースロード」と「原発依存度を可能な限り低減」させることは、矛盾を孕んだものである。

　日本のエネルギー供給は、一次エネルギー比で、福島事故前は10％程度が原子力であり、また約3分の1強を石油が占め、残りを石炭と天然ガスが供給するという構成であった。水力などの再生可能エネルギーは5％程度であった。これを見れば、石油、石炭、天然ガスなどの化石燃料が圧倒的な割合であり、これが温室効果ガスの発生原因となっている。

　それに対して、エネルギー消費面では、投入エネルギーの約3分の1が損失し、電力用消費が約４分の1、残りは輸送用の燃料となる石油製品が同じく４分の1程度、他に産業用の燃料となる石油製品と都市ガスとなる天然ガスなどである（図6参照）。したがって、機器・プラントや自動車の効率を向上させ、建物の熱損失を削減する省エネルギーによって最終エネルギー消費を減らすとともに、とくにエネルギー転換に伴う損失の約８割は発電損失であることから、発電にともない捨てられている熱を回収して利用する熱電併給（ＣＨＰ）を活用することによって最終エネルギー消費は減らすことができる。

原発ゼロで30％を失った電力供給は、ピークカットと省エネ（10％程度）、天然ガスと石炭火力の代替により賄い、2年近く「原発ゼロ」を実現した。「原発ゼロ」でも日本の電力を賄えることが実証されたのである。

ただし、CO_2排出は増え、かつ輸入化石燃料代金が拡大している。したがって、省エネの徹底と再生可能エネルギーの拡大、エネルギー源の多様化が不可欠である。省エネを実施していく場合には、電力のみならず、熱分野、交通分野の省エネの可能性と実施方法の検討が極めて重要であり、交通分野での省エネは公共交通や新幹線など日本の優れた面を活かすことができる。日独間でも技術交流が必要な分野である。

1・9　むすび

電力のみならず、エネルギー全体の政策を検討する場合、前提条件、目標、枠組みを総合的に検討することが大変重要であり、経済性、国際競争力、支払い可能性、環境保全性、などを前提条件として、地球温暖化のリスク、原子力のリスク、そして供給安定性のリスク、これら3つのリスクを総合的に低減することについて、合意を得られるかどうかが要である。ドイツは、この点で、長年の議論と福島事故を受けて最終的に「脱原発とエネルギー大転換」を決め、二大目標とする「脱原発と温室効果ガス削減」のために「再生可能エネルギー拡大と省エネの徹底」を政策目標とすることで合意したのである。

一気に「ゼロ原発」ではなく、脱原発の方向を明らかにしながら、2022年を期限と決め、段階的にゼロ原発を目指していることも重要である。こうした検討と論理・倫理の方向性は日本がドイツから大いに学ぶ必要がある。これに対して、日本では福島事故を踏まえた本格的な議論が国会や国の審議会において十分なされていないのは、極めて残念である。2015年1月に亡くなったワイツゼッカードイツ元大統領の連邦議会演説（1985年5月8日）にあるように「過去に眼を閉ざす者は現在にたいしてもやはり盲目となる」のである。以上のような、前提条件と福島事故の検討を踏まえたうえで、電源構成のあり方について議論、判断していくことが論理と倫理というものである。

■コラム4■　下水道排熱の利用

下水道は熱エネルギーの宝庫である。家庭の風呂や調理に使ったお湯の温度を考えると下水の温かさがわかるだろう。ベルリンの下水道局はそこに着目し、「熱ビジネス」を始めている。市内の下水道の水温は、年間を通じて摂氏12度前後だという。この熱エネルギーを利用できる地点「ホットスポット」をウェブサイトで公表し、廃熱利用者を募っている。市内約200箇所で廃熱が使える。

具体的な活用例はまず、市の温水プールである。口径約1メートルの下水本管に、熱を吸収する「熱交換器」を取り付けて、廃熱を150メートル離れた温水プールに運ぶ仕組みだ。プールでもヒートポンプを4台設置し、廃熱を循環させて無駄なく活用している。

その投資費用は46万ユーロ（約5000万円）で、EUからの補助金で60％を賄ったという。EUは再生可能エネルギーの普及に熱心で、補助金を出すなどして各国の取組を後押ししている。

民間でも下水道の廃熱利用が始まっている。スウェーデン系の家具量販店、イケアの新店舗を訪れた。店から約100メートル離れた下水道管の内側に熱を吸収する装置を付け、廃熱を店へと運び、冷暖房に利用していた。廃熱を有効利用するため、店には二次循環装置を取り付けていた。設備には約70万ユーロ（約7000万円）を投資したが、値上がり傾向の石油や天然ガスなどと比較すると、7年で投資費用が回収できる計算だと説明された。

イケアの店舗では、冬の暖房用などの熱源は70％を下水の廃熱で賄い、不足する分はガスを使っている。夏の冷房は廃熱だけで十分だという。

この他にも、店舗の屋根に太陽光パネルを設置し、屋根から雨水を回収してトイレの排水に使っている。イケアは2015年までに、ドイツの全店舗と家具工場で、再生可能エネルギーの利用率を100％にする計画という。

札幌市の下水道局も、廃熱利用の可能性を調べ始めた。新たに市内に出店する大型商業施設に、廃熱利用を働きかける検討をしている。

（『朝日新聞』北海道版、2012年11月29日付）

第２章 再生可能エネルギー固定価格買取制度の改革

２・１　はじめに

ドイツの再生可能エネルギー拡大に果たした制度枠組みで、ＥＥＧ（再生可能エネルギー法）の役割は大変重要である。本章では、その制度と実態、成果と問題点、改革の方向について検討したい。日本においてもＦＩＴ（固定価格買取）制度が２０１２年から実施され、その制度改革が課題となっている時でもあり、ドイツの制度枠組みの改革の方向性と教訓を明らかにする意義がある。本章は、ドイツのＦＩＴであるＥＥＧについて詳しく検討したい。

2・2　固定価格買取制度の成果と課題

2・2・1　固定価格買取制度の概要

ドイツの再生可能エネルギー法の中心は、再生可能エネルギーによる電力の固定価格買取制度にある。この制度は、系統運用者（送配電事業者）に対し、再生可能エネルギーによる発電施設を優先的に送配電網（「系統」）に連系し（2014年法第8条、以下同様）、その電力を「物理的に引き受け」、送電及び配電すること（第11条）、並びに施設管理運営者に法律で定められた供給補償（固定価格で買い取ること）を行うこと（第37条、第38条）を義務付けるものである。系統運用者は、さらに上位の送電系統運用者（TSO）にこの電力を引き渡し（第56条）、送電系統運用者は、必要な支出から収入を差し引いた額を、最終消費者に電力を供給する電力供給事業者（発電事業者）に対して要求することができる（賦課金）（第56条、第60条）。電力供給事業者は、電力供給量の割合に従って賦課金を送電系統運用者に支払うが、賦課金は、最終的に消費者が負担する。

再生可能エネルギーによる電力に対する補償金額（買取価格）は、そのエネルギー源ごとに定められている。通常、補償金額は市場価格を上回っており、施設の運転開始時点で算定される補償金額が同一の施設に対して20年間支払われる。再生可能エネルギーへの早期投資を奨励するために、補償金額は年々逓減する仕組みになっている（渡邊富久子「ドイツの2014年再生可能エネルギー法の制定」『外国の立法』262、2014年）。

本制度で一番重要なポイントは、送電系統運用者（ＴＳＯ）に対し、再生可能エネルギーによる発電施設を優先的に送配電網に連系し、その電力を補償金額で買い取って、送電および配電することを義務づけていることである（優先接続の原則）。そして供給補償のために必要な支出と再生可能エネルギーによる電力を販売して得た収入との差額を、最終消費者が賦課金として支払うことを定めている。

２・２・２　ＥＥＧの制度と実態

まずＥＥＧによる制度そのものと、運用実態を知っておく必要がある。制度と運用に一番詳しいドイツ連邦エネルギー水道事業連合会編集（Bundesverband der Energie-und Wasserwirtschaft：ＢＤＥＷ）の『再生可能エネルギーとＥＥＧ：数字、事実、グラフ』（２０１５年）に基づき、ＥＥＧの制度と実態を明らかにしておきたい。再生可能エネルギーからの電力は、２０１４年で電力生産比26・２％、電力消費比27・８％となった。内訳は風力９・１％、太陽光５・７％、バイオマス７・０％、水力３・３％であり、風力は秋と冬がピークで、太陽光は春と夏がピークなので、風力と太陽光は補完性がある。最近の研究によれば、風力と太陽光を組み合わせて電力需要の50％を賄えれば、出力抑制あるいは貯蔵の必要性はないという結論が示されている（Stefen Weitemeiyer et al. "Integration of Renewable Energy Source in Future Power Systems: The Role of Storage," 2015）。

水力発電やバイオマスは、設備容量が小さくても、平均出力が比較的高いことと、年間稼働時間数が多いので、発電量は大きくなる。これに対して、風力や太陽光は天候次第である。再生可能エネルギーのなかで、水力とバイオマスは設備容量13％であるにもかかわらず、発電量は42％を占める（2013年）。最近のEEG賦課金上昇の二大要因は、卸電力価格の低下と電力多消費産業の免除拡大である（BMWi, 2014a, Expertenkommission zum Monitoring Prozess, Stellungnahme zum zweiten Monitoring-Bericht der Bundesregierung für das Berichtsjahr 2012, 71）。これについて順次見ていくことにする。

2・2・3　EEGの支払とEEGの差額コスト

2012年改正EEGからEEGは差額コスト（電力市場価格とEEG支払との差額）と市場プレミアムの両方を含むことになり、EEG支払と呼ばれる。これは電力価格の変動によって決まる。EEGの支払のみならず、市場電力価格が高ければ、電力市場収益が増えるので、消費者による負担は小さくなる。逆に電力市場価格が下がれば、コストと収益の差が大きくなるので、消費者の負担が大きくなる。電力価格が安ければ、ギャップは大きくなり、EEG賦課金は大きくなる。2009年以降の傾向がこのパラドックスであり、電力市場価格が下がる一方、補償額が増えているので、賦課金が増加しているのである（図7参照）。日本のFITはドイツのEEGと制度が異なるところがあり、再生可能エネルギー固定価格買取の価格と回避可能費用（再生可能エネルギーを買

図7　ＥＥＧによる賦課金と電力市場価格の推移

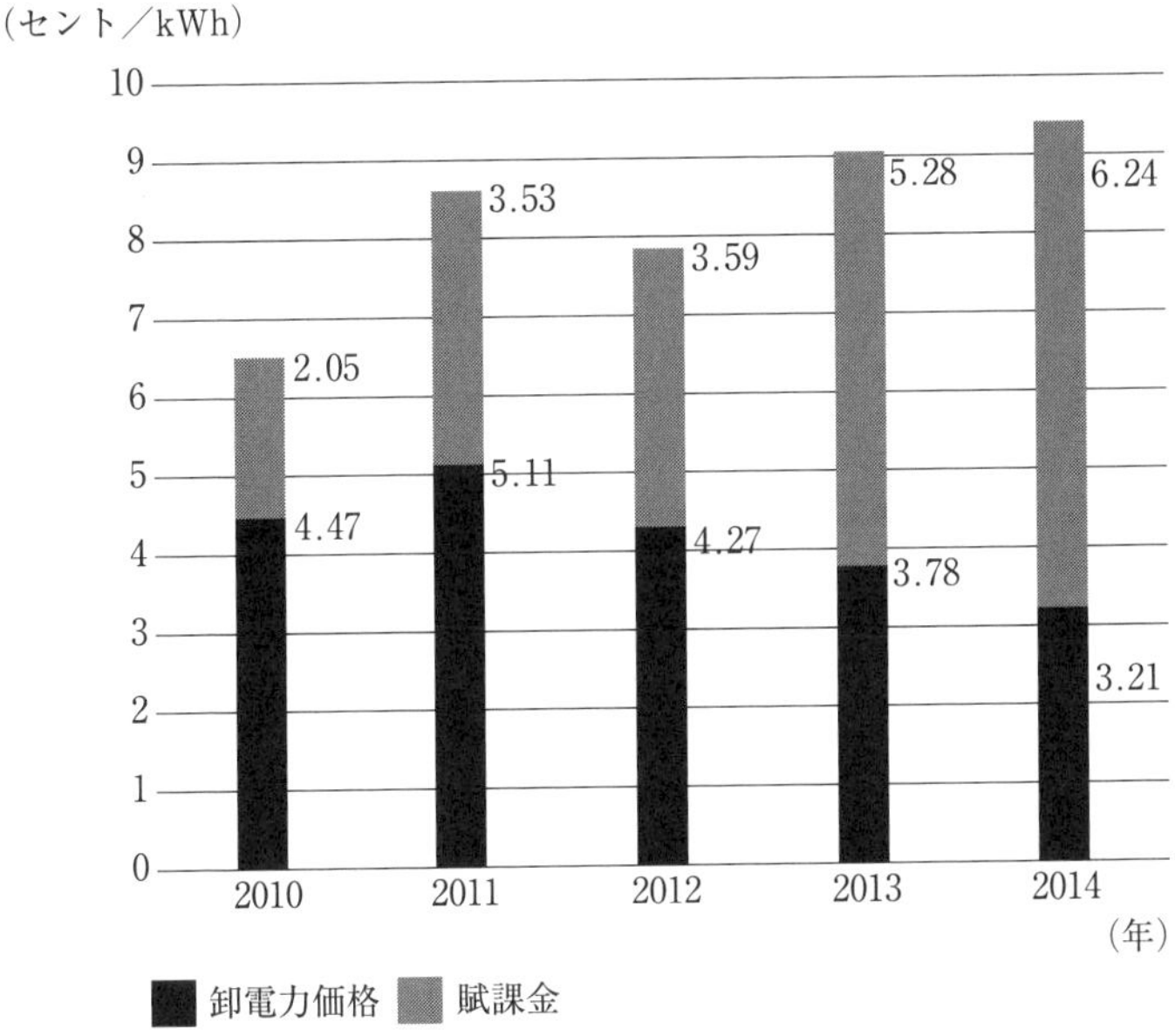

出典：Bundesministerium für Wirtschaft und Energie auf Basis von Daten der European Power Exchange Paris

い取ることにより、本来予定していた発電を取りやめ、支出を免れることができた費用、電気料金の原価にはその分の費用が含まれていることから、賦課金はこれを買取費用から控除し、産出される）との差額が、再生可能エネルギー発電促進賦課金（再エネ賦課金）として、電気料金に上乗せされる。ドイツのＥＥＧの場合は、卸売電力価格と買取価格との差額が賦課金となる。

2・2・4　電力価格――価格の一部としてのEEG賦課金

電力価格は3つの部分からなる。

①電力の市場価格（あるいは自家発電費用）（家庭用で2013年28％、2014年27％）。
②ネットワーク使用料（家庭用で2013年22％、2014年20％）。
③法律による規制税金（家庭用で2013年50％、2014年52％）：EEG賦課金、CHP促進賦課金、洋上風力補償金、公有地使用送電コスト、環境税。

EEG差額コストは、電力市場価格とEEG支払との差額である。電力価格が低いことは、EEGの差額コストが高くなることを意味する。時間差があるので、部分的に相殺されることもあるが、一対一の規模で差額コストの補償が起きるわけでもない。その理由は、第1に、EEGは電力生産の5分1をカバーするのみなので、電力価格の一部を構成するにすぎない。第2に、あらかじめ予想計算した賦課金額と実際の差額コスト総額とが一致しない場合が多い。第3に、送配電業者は多くから電力を調達しているので、別の補償が部分的にある。

2・2・5　家庭用と産業用の電力価格

家庭用電力のEEG賦課金が上昇しており、2014年には6・24セント／kWhになり、付加価値税などもかかり、家庭用電力価格は29・14セント／kWhになった。EEG賦課金分が21％を占めるものの、付加価値税、ネットワーク使用料などの負担もあり、EEG賦課金のみが突出しているわけではない。中規模産業でEEG賦課金をフルに支払うと、電力価格中の割合は35％になる。2014年の全体の税金・諸賦課金は350億ユーロに達し、そのうちEEG賦課金が240億ユーロ（約3兆3000億円）になる。ドイツの家庭用電力価格に占める賦課金の割合は2011年で16％を超え、産業用の場合は28％程度になっており、デンマークのそれ（各々4％と8％）と比べても突出した高さになっている（European Commission, 2014a, Energy Prices and Costs Report, 40, 41）。家庭用電力価格の国際比較では、ドイツが26・8セント／kWhに対して、フランスは14・5セントで、イギリスは17・8セントであり（2012年）、その違いは賦課金を含む税金分の違いである。アメリカは10ユーロセント（2011年）である（同、183）。

このように、EEGのコストが増加しているので、コスト配分の議論が関心を呼んでいる。2014年に家庭部門の電力消費は25％にもかかわらず、賦課金の負担は35％で83億ユーロになり、産業界の電力消費は50％にもかかわらず、賦課金の負担は74億ユーロである。EEGの目的が阻害されない限りで、国際競争力にさらされた企業のコストを減らすという制約があり、他方で消費者の利益も守らなければならない。

家計にとっての電力代金の負担は、4人世帯平均所得の2・1％、低所得層（所得が平均所得額の60％以下の層）の3・5％に対して、ガソリンの負担は、各々3・2％と5・3％であり、電力料金よりも高くなっている（BMWi, 2014b, *Zweiter Monitoring-Bericht "Energie der Zukunft"* Tab. 11/5）。もっとも、再生可能エネルギー電力価格が高いといっても、在来の火力発電と原子力発電には巨額の国家的補助金がつぎ込まれており、その分のコストと大気汚染、CO_2などの社会的費用を含んだコストを加えると、12・1―12・8セント／kWhになり、風力発電の7・6セント／kWhよりも高くなるという計算も行われている（Germanwatch, *Warum sich die Energiewende rechnet*, 2011）。

2・2・6　電力多消費産業・鉱業・鉄道の免除規定

賦課金には電力多消費産業・鉱業・鉄道への免除規定があり、電力多消費産業の賦課金の特別調整条件は、年間の電力消費量が1GWh利用以上である。2012年のEEG改定で、条件が年間10GWhから1GWhに引き下げられ、より小規模な企業にも適用されるようになった。免除条件の決定的なポイントは、年間電力消費量1GWhに加えて、企業の粗付加価値に対する電力コストの割合が14％以上であるという条件である。

企業全体では、4万5274企業のうち96％がEEG賦課金を支払っている。47％の企業が完全なEEG賦課金を支払い、24％の企業が100GWhを超えているので、0・05セント／kWhになり、9％の企業が10―100GWhで1％に軽減されて、6％の企業が1―10GWhで10％に軽減され、14％の企業が完全免除されている（自家消費）。特別調整された電力量は約30％の電力に相当する。特別調整を受けている産業は化学、製紙、金属が多く、地方ではニーダーザクセン州、バイエルン州、ノルトライン・ヴェストファーレン州などの産業州が多い。特別調整規定のために非免除消費者は0・6セント／kWh（2012）、1・1セント／kWh（2013）の追加負担をしている。また自家消費の負担免除分によって、一般消費者が0・44セント／kWh（2012）、0・67セント／kWh（2013）を追加負担していることになる（BMWi. 2014a. Expertenkommission zum Monitoring Prozess, Stellungnahme zum zweiten Monitoring-Bericht der Bundesregierung für das Berichtsjahr 2012, 168, 170）。この免除は、環境に悪影響を及ぼす補助制度として指摘されている（Umweltbundesamt, 2014, *Umweltschädliche Subventionen in Deutschland, Akutualisierte Ausgabe 2014*, 本書表9「ドイツにおける環境に有害な補助金」151頁参照）。

2・2・7　メリットオーダー効果——風力と太陽光が電力価格に与える効果

再生可能エネルギー市場が拡大して卸電力のスポット価格の低下に作用している。この効果は、いわゆる「メリットオーダー効果」と呼ばれる。メリットオーダーとは、もともと電力会社の発電機ごとの発電コストを安い方から限界費用の順番に並べた発電能力を示したものである。再生可能エネルギー電力として記録されたものは、卸電力のスポット市場に出さなければならない。送電系統運用者（TSO）も入札しなければならない。これが電力供給を拡大して、メリットオーダーの順序を変えている。再生可能エネルギー電力の供給は市場価格を下げて、天然ガス火力発電など高価な供給は市場から出ていくことになる。実際のメリットオーダー効果は、2010―12年で

０・６─１・０セント／ｋＷｈ、２０１６年推定で１・４─１・６セント／ｋＷｈといわれている（Johanna Cludius et al., 2014, "The Merit Order effect of Wind and Photovoltaic Electricity Generation in Germany 2008-2016" *Energy Ecomomics*, 44）。しかし風力と太陽光はこの限界費用市場では安い卸電力価格なので、賦課金による補償額によって自らの投資はようやく回収できても、新規の再投資と再融資ができないという問題を抱えることになる（「先物の卸市場電力価格は約４セント／ｋＷｈであるので、現在の収入は主に発電所の稼働コストのみを賄い、投資コストを賄わない」２０１４年1月21日閣議決定）。さらに原発と高価格の天然ガス火力発電所が減少し、価格の安い褐炭火力発電が使用されて、再生可能エネルギーは増えても、かえってＣＯ２が増えるというパラドックスが発生した（Agora Energiewende, 2014, The German Energiewende and its Climate Paradox）。他方において、メリットオーダー効果によって、太陽光などは卸電力価格の低下があるので（２０１２年で０・89セント／ｋＷｈ）、太陽光の賦課金の消費者負担分は23％程度減少しているという指摘もある（A. G. Tveten, 2013, "Solar feed-in tariffs and the merit order effect: A study of the German electricity market", *Energy Policy*, 61）。

２・２・８　ＥＥＧの補償とＥＥＧ賦課金への作用

ＥＥＧにより再生可能エネルギーは連続的に増加した。はじめは水力と風力、さらにバイオマス、２００５年からは太陽光発電が増加した。対応してＥＥＧ賦課金も上昇した。再生可能エネルギー発電量と補償額が対応しないのは、個々の種類の支払レートが異なるからである。開始年、設備プラントの規模、ボーナス額、特別の支払方法の違いのためである。２０１３年にはじつに４０００もの料金体系があった。バイオマスだけでも３３００もある。

こうして、太陽光は25％の発電量に対して賦課金は48％を占め、風力は41％の発電量に対して賦課金は19％を占め、バイオマスは24％の発電量に対して賦課金は25％である（２０１４年）。

２・２・９　ＥＥＧ施設からの発電の市場への統合

２０１２年からＥＥＧ発電施設は電力を直接市場に売れるようになった。月毎に保証された固定価格買取か、あるいは市場との直接取引かを選べるようになり、３つのオプションがある。それは①市場プレミアム（定額価格補償部分と市場変動部分からなる）、②グリーン電力、③ＥＥＧのサポートなしでの直接市場販売、である。その結果、長期安定的な取引が多い陸上風力では直接市場販売が増えている。洋上風力はグリーン電力、太陽光はＥＥＧが多くなる傾向である。２０１４年は再生可能エネルギー電力の約60％が直接市場取引された模様である。

２・２・10　ＥＥＧの見通し、２０１７年までの中期予測、２０１４年のＥＥＧ補償額

ＥＥＧの施設は２０１８年までに１１１・３７７ＭＷに増加すると予想される。太陽光の買取価格は低下するものの、賦課金では一番大きな部分である。全体で、賦課金は２０１８年までに２７

0億ユーロで、２０１０年１３０億ユーロの2倍となる。太陽光への支払は１１２億ユーロ、洋上風力40億ユーロ、陸上風力45億ユーロ、バイオマス58億ユーロである。２０１３年—２０１５年の上乗せ価格の予測は、５・85—６・86セント／ｋＷｈである。標準家庭の負担額は年間約２１５ユーロ（約２万７０００円）になる。とくに太陽光の拡大、卸電力料金の値下がり、CO_2価格の値下がりなどが効いている。

なお再生可能電力のコストについて、賦課金額だけで見るのではなく、賦課金額に平均卸売電力価格を足した価格で評価すると、２０１０年、２０１１年、２０１２年は８—９セント／ｋＷｈである（BMWi, 2014b, *Zweiter Monitoring-Bericht "Energie der Zukunft"* Abb6/7, 本書図７「ＥＥＧによる賦課金と電力市場価格の推移」１０９頁参照）。したがって、賦課金額と卸売電力価格を足したものが電力価格なので、全体の電力コストの上昇は抑えられていることになる。また、ＥＥＧ賦課金の約５セント／ｋＷｈのうち、太陽光への賦課金支払が約２セント／ｋＷｈを占め、その大部分は２０１１年以前の高い買取価格での契約分への支払であるという（Öko-Institut, 2013, *Analyse der EEG-Umlage 2014*）。またCO_2価格が上昇し、例えばＥＵＥＴＳが25ユーロ／トンになれば、卸電力価格は４—５セント／ｋＷｈ上昇するので、逆にＥＥＧ賦課金はそれだけ低下することになる（BMWi, 2014a, Expertenkommission zum Monitoring Prozess, Stellungnahme zum zweiten Monitoring-Bericht der Bundesregierung für das Berichtsjahr 2012, 75）。

2・3　ＥＥＧ改革の見通し――ＥＥＧ改革に関する大連立協定（２０１３年11月）とガブリエル・経済エネルギー大臣のＥＥＧ改革大綱（２０１４年１月）

２０１３年９月のドイツ総選挙を経て、キリスト教民主同盟と社会民主党の大連立政権交渉に当たり、ＥＥＧ改革問題が一つの焦点となり、大連立の協議書（協定）が２０１３年11月27日に公表された。大連立内閣の経済エネルギー大臣となったガブリエル社会民主党党首は、大連立の政策に基づき、ＥＥＧ改革の大綱を公表した（２０１４年１月22日）。この内容は閣議で承認された。

建設の道筋：風力、太陽光、バイオマスの新設は法律によって規制する。陸上風力は年間最大２５００ＭＷ建設される。太陽光も同様である。これによって、風力も太陽光も発電量が２０１３年よりも少ないことになる。太陽光の政府目標２５００―３５００ＭＷはキャンセルされることになる。新しいバイオガス設備も最大１００ＭＷのみが電力網に入ることになる。参考までに中型の石炭火力発電は約５００ＭＷ（50万ｋＷ）である。［説明：２０１２年現在、ＥＥＧに関わるバイオエネルギー施設は９１７０施設あり、総計５１６０ＭＷになる。２０１３年のバイオ電力の75％はバイオガス、残りは木質バイオマスなどによるものである。電力の約30％は直接取引である。Vorbereitung und Begleitung der Erstellung des Erfahrungsberichts 2014 gemäß § 65 EEG, 2014, Vorhaben III Stromerzeugung aus Biomasse Zwischenbericht］

図８　固定価格買取 Feed in Tariff とプレミアム買取制度 Feed in Premium

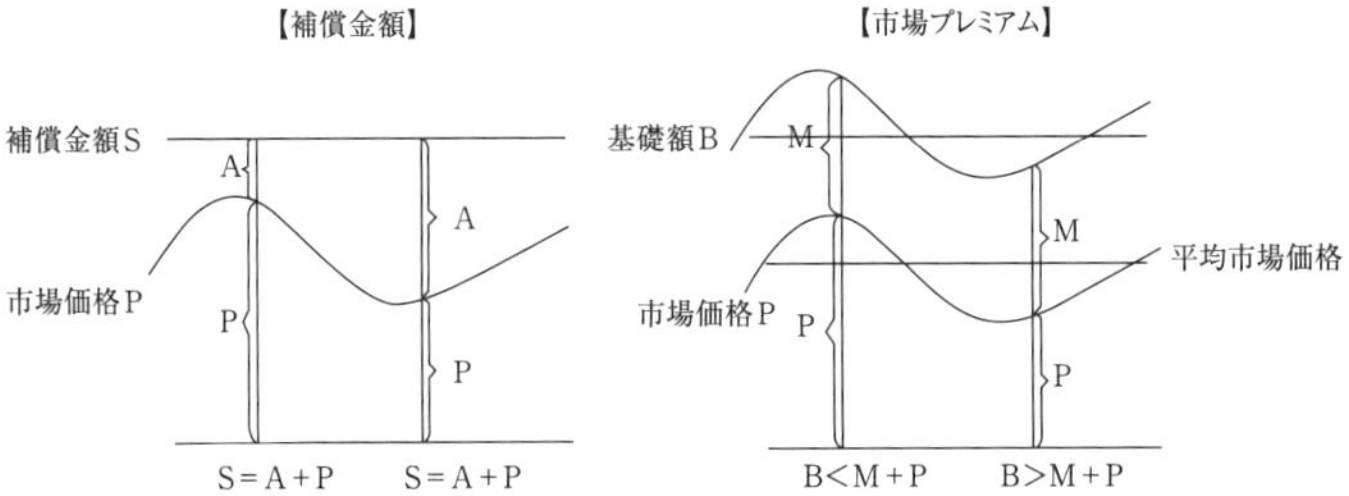

施設管理運営者は、常に同じ額（S）を得る。
差額Aは賦課金で賄う。

施設管理運営者が得る額（M+P）は、市場価格により変動する。
市場プレミアムMは賦課金で賄う。

出典：渡邊富久子（2014）「ドイツにおける2014年再生可能エネルギー法の制定」『外国の立法』262、75頁、図2

目標：新設率は太陽光も今後、縮小されなければならない。風力エネルギーは、とくに海岸沿いの立地条件の良いところは、買取価格を10－20％縮小しなければならない。拡大しすぎた場合には、追加の買取価格をカットする［「呼吸するキャップ」］。洋上風力の買取価格は、２０１８－２０１９年に各々１セント／ｋＷｈ下げる。陸上風力の低減額に対応している。バイオガス施設については、ボーナスは廃止し、２０１５年からベースの買取価格も下げる。現在、グリーン電力は17セント／ｋＷｈで生産者から買取されているが、２０１５年までに12セント／ｋＷｈまでに下げられるべきである。［説明：新設容量に呼応してＥＥＧ価格を調整する仕組みは「呼吸するキャップ」と呼ばれる。太陽光は年間の新設容量は「２４００ＭＷ以上２６００ＭＷ」のキャップが課され、キャップを超えて新設が進むと月次引下げ幅が標準の０・５％よりも大きくなる。」

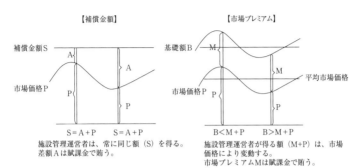

グリーン電力のマーケティング：これまでの20年間価格保証のシステムは、将来下げられるべきであり、これまでの500kW以下の設備は、自分で市場を探さなければならない。2017年までに直接販売の義務は、1 00kWまで下げられる［説明：EEG2014により、500kWを超えるものはEEG対象外となり、直接販売が義務化され、2016年には100kWまで対象が拡大される］。全体として、2017年からは市場価格プラスプレミアムの買取価格になる。少ないプレミアムを求めるものが、契約を得ることになる。投資家は市場価格の変動リスクを負うことになる。［説明：図8にあるように、施設管理運営者が得る額は、市場価格と市場プレミアムの合計であり、市場価格により変動する。市場プレミアムは賦課金で賄う。市場プレミアムは、市場価格から算出される理論値（月次の平均市場価格）とEEG価格との差額を補填するものである］。

自家消費と産業界の免除問題：EEG賦課金を支払う必要のない自家消費は、近い将来最少レートの支払をすべきである（詳細は省略）。

日程：EEG改革案は2014年3月4日に公表され、修正を経て4月9日に閣議で決定された。6月27日に連邦議会、7月11日までに連邦参議院を経て、8月に実施された。

なお、ドイツにおける太陽光パネルは、100万を優に超える小規模なシステムが存在し、家庭用の太陽光システム発電の約30％は家庭で直接消費されており、蓄電設備を連携することで、太陽光パネルによる自給率は約45％に上昇するという（IEA『電力の変革』2014年、144頁）。

そのため、買取価格の低下のもとで、自給率が高まるものと予想されている。実際、太陽光の買取価格は２００５年の43セント／ｋＷｈから10年たって、８・７セント／ｋＷｈと5分の１になり、２０１５年には発電コストは４―６セント／ｋＷになると予想されている（Agora, 2015a, Current and Future Cost of Photovoltaics, Preface)。

今回の再生可能エネルギー法改革問題を見ると、その中心は、買取価格と買取条件に関するものであり、再生可能エネルギーの種類別に、買取価格と買取期間、条件を定めて、再生可能エネルギーを拡大してきた制度の効果は認められるが、電力料金負担のあり方、負担の公平性、産業国際競争力をどう確保していくかという問題が発生している。

また、調整電源を設置して、経済的にも引き合うようにしなければ、風力や太陽光など天候依存型の電源を保証することはできないので、電力容量市場を創設して待機電力料金を支払い、調整電源の調達コストを再生可能エネルギーの調達コストに含めるような容量市場の制度設計の検討も行われることになる。

以上のように、ドイツの再生可能エネルギー法改革をめぐる問題は、買取価格の適時的確な調整の必要性、負担の公平性確保の重要性、送電線などのインフラ整備の計画性と住民の受容性確保、産業の国際競争力と市民の負担の調整の必要性、調整電源の確保と費用負担の調整の必要性などを示しており、今後再生可能エネルギーを拡大していくうえで、避けて通れない問題群であり、日本

図９　近年のＥＥＧ改正のポイント

EEG2009 → **EEG2012** → **EEG2014≒EEG2.0**　2014年８月

EEG2009

▶概ねEEG2004の内容を踏襲

◆EEG改正2010（EEG-Novelle 2010）2010年７月
――EEG2009を補完的に追加改正
◎太陽光の買取価格を切り下げ（1度きりの措置）
・新設の屋根、望遠壁などへの設置（15.6%）
・コンバージョン用地設置（11%）
・その他の地上措置（13%）
◎農地への設置を対象から除外（激変緩和措置あり）
◎太陽光タリフの年１回の改定幅を前年の新設容量に連動させる「呼吸するキャップ」を導入

EEG2012

▶市場プレミアムによる直接販売スキームをオプションとして導入
▶バイオマスの料金体系（ボーナスシステム）の簡素化
▶バイオマスにフレキシブルプレミアムを導入しガスホルダー設置を促進
▶洋上風力の条件改善
▶グリーン電力特権を維持（優遇幅は縮小）

◆太陽光改正（PV-Novelle）2012年８月
――太陽光の急拡大に対し緊急避難的に行った改正
◎規模要件の変更
屋根：４区分（～10kW、～40kW、～1000kW、1000kW～）
地上：区分なし（10MW超はFIT対象外へ）
◎太陽光の買取価格を15%切り下げ（１度きりの措置、12月４日に遡及適用）
◎FIT価格の定期的な引き下げルール変更　年１回→毎月１％（年換算11.4%、ペース）
◎総量規制を導入。国内でFIT買取対象の総容量上限を52GWに設定。毎年の新設容量を2500～3500MWに限定（コリドー）
◎FIT価格の毎月引き下げをコリドー達成状況とリンク（呼吸するキャップ制度）

EEG2014≒EEG2.0　2014年８月

▶総量規制の強化と太陽光以外の再エネへの設定
▶上記に合わせて「呼吸するキャップ制度」を太陽光以外の再エネにも適用
▶出力10kW以上の自家発電・自家消費施設からも賦課金を一部徴収
▶電力多消費産業向けの賦課金軽減特例は修正のうえ維持
▶電力スポット市場などへの直接販売を義務化
→2017年をめどにFITから移行

◆メガソーラー売電入札に関する政令 2015年2月
◎3年間にわたり1.2GW分の入札を実証するための手続きを規定

注：EEGは2000年の制定以来、2004年、2009年、2012年、2014年に改定している。ただし、太陽光発電の急拡大などの状況変化に応じて、2009年と2012年には追加的な改正も実施している。メガソーラー入札制度はEEGとは別枠の政令で定めている。

出典：竹ケ原啓介「ドイツＦＩＴ徹底解説」『Nikkei Energy Next』2015.7, 30頁

などは後発者の立場から注意深く学ぶ必要がある。

第１に、今後の見通しについてまとめれば、種類ごとに買取価格を決める固定価格買取制度の枠組みそのものは変わらないが、量的コントロールが強められ、固定価格買取価格が平均で17セント／ｋＷｈから12セント／ｋＷｈに引き下げられ、直接取引、市場プレミアムの拡大と入札制の導入が進められる。入札制は遅くとも２０１７年以降に、新規設備に適用するプレミアムの水準を入札により決定する仕組みを導入することになった。

太陽光発電設備向けの入札方式を試行的に２０１５年から導入する。２０１５年第１回入札の概要は、入札期限は４月15日で、容量１５０ＭＷ、入札上限額１

1・29セント／kWh、対象設備容量100kW以上10MW以下であった。2015年8月の第2回の入札結果は、平均で8・49セント／kWhであった（西村健佑氏による）。2015年2月には、メガソーラー売電入札に関する政令が公布され、地上設置型のメガソーラーを対象に、今後3年間にわたり合計1・2GW容量を入札にかける（竹ケ原啓介「ドイツFIT徹底解説」『Nikkei Energy Next』2015年7月号、32頁）。

第2に、適切な価格調整、頻繁な調整回数、買取期間の短縮などは、ドイツに先んじて固定価格買取制度を導入した隣国のデンマークが、公共サービス義務PSO（Public Service Obligation）という制度によって、年4回の価格調整と買取期間の短縮を図っており、注目に値する。ドイツでは、さらに固定価格買取 Feed in Tariff（FIT）制度からプレミアム買取 Feed in Premium 制度に移行し、市場取引を大幅に拡大する方向である。固定プレミアム制度でない場合は、電力販売価格が一定で卸電力代金が高くなるとプレミアム分は減少する。今後20年の見通しについては、洋上風力の拡大に伴い、2021–23年に賦課金は最大になるものの、その後に下がり、2035年には賦課金は4・4セント／kWhになり、再生可能エネルギー電力比率は59％になると予想されている（Agora, 2015b, Die Entwicklung der EEG-Kosten bis 2035）。

第3に、負担の公平化という点では、低所得層への負担軽減措置と配慮、電力多消費産業への免除の見直しが必要である。

第4に、再生可能電力の調整電源のコスト負担問題については、再生可能エネルギー導入に伴い発生する不可避の問題として、位置づける必要がある。

2・4　日本のFIT制度の問題点

以上のように検討してきたドイツの制度に対して、日本のFIT制度は以下のような問題点がある。

全般的な問題として、第1に日本のFITは、再生可能エネルギーの導入目標値について、「最大限導入」とされているが、具体的な数値目標が明確ではなく、そのために原子力などとの「電源ミックス」論として議論されているのである。

さらに第2に、再生可能エネルギーの送電網への優先接続が原則として保証されておらず、電気事業者による再生可能エネルギー電気の調達に関する特別措置法第5条において、「技術的理由」を根拠に接続を拒否できることになっている。ドイツでは、EEGとエネルギー事業法（EnWG）で、再生可能エネルギーの優先接続と出力抑制の順位と補償措置が明確にされているのである。例えば、2013年の再生可能エネルギーへの出力抑制への補償は風力を中心に年間で4370万ユーロになったが、そのための消費者の負担は年間で89セントにとどまったことが明らかにされている（Bundesnetzagentur und Bundeskartellamt, Monitoringbericht 2014, 80-81）。

つぎに、バランスの取れた再生可能エネルギーの導入という面で、太陽光の導入が9割以上になったのは、次の二つの理由による。

第1に、各種の再生可能エネルギーの価格決定とその根拠が業界の提出したもので、委員会による検討は一応行われているものの、第三者による検証がなく、透明性と客観性が不十分であった。ドイツの太陽光の買取価格が20円／kWhになっている時に、日本の太陽光は40円／kWh代という約2倍の水準の価格設定を行い、「太陽光バブル」を招いたのである。

第2に、経済産業省による設備認定制度が書類審査中心で、しかも買取価格は設備認定時のもので、実際の稼働はあとでもよいという「空押さえ」を許した。2015年1月の見直しで調達価格の決定時期について、「接続申込時」から「接続契約時」に変更する、接続枠を確保したまま事業を開始しない「空押さえ」の防止などは当然の措置である。

さらに、導入促進制度の問題として、次の2点を指摘できる。

第1に、これまでの制度上の不備を逆手にとって、「指定電気事業者制度」（指定電気事業者とは、接続申込量が接続可能量を超過した場合には、年間30日の出力制御の上限を超えた無補償の出力制御を前提として、再生可能エネルギーの系統への連系ができるよう経済産業大臣から指定された一般電気事業者のこと）が2015年から導入され、30日を超えて出力抑制ができ、その補償もないということになり、中小事業者や個人で再生可能エネルギー設備を導入する場合の融資保証ができないという事態をまねきかねない。

第2に、再生可能エネルギーの出力抑制を行うための計算根拠は、福島原発事故以前の原子力発電所の稼働やまだ稼働していない大間原発などの稼働の「原発の最大限稼働」を前提したもので、「再生可能エネルギーの最大限導入」とはとてもいえないものである。

2・5　むすび――再生可能エネルギー固定価格買取制度をどう改革すべきか

ドイツのEEG改革の教訓を日本はどう活かすか。FIT実施後1年たった2013年の日本では、認定された再生可能エネルギーの95%が太陽光であるという結果になった。ドイツよりもさらに太陽光偏重という結果になった。これは、再生可能エネルギーの優先接続という原則が日本ではまだ保証されておらず、風力発電などで制約が多いことを示している。また小水力や風力発電、地熱発電などでは、稼働までのリードタイムが長いことも要因として考えられる。

日本のFITはドイツのEEGと制度が異なるところがあり、日本の場合には、再生可能エネルギー固定価格買取の価格と回避可能費用との差額が電力料金に上乗せされ、電力事業者による優先接続の義務が限定条件付である。

ドイツはFITの制度そのものにおいては、デンマークのPSOと比べて、買取期間と買取金額が高く、かつデンマークのように年4回という調整が頻繁には行われていなかったので、2012年5月以降は、月ごとに逓減するという改革が必要となったのである。これに対して、日本の場合、発送電分離と電力自由化がこれからであり、インフラ整備としての送電線建設も国の政策において十分には位置づけられてこなかった。太陽光発電が95％を占めたということは、風力や地熱などの環境アセスメントや認可プロセスの迅速化、透明化がさらに必要である。負担の公平性をはかりながら、消費者が生産者になれるという太陽光の利点を活かし、市民の参加と資金を活かす制度づくり、地域の資源を利用し、活性化させるという戦略的な取組が求められている。

ＦＩＴ自体は、価格インセンティブ効果を狙ったものであり、バランシング（電源調整）や送電網拡大などのインフラ整備が同時平行して進められなければ、再生可能エネルギーの抜本的拡大は起こらない。

ドイツのＥＥＧ改革を含む「エネルギー大転換」は再生可能エネルギーの利用とエネルギー効率の抜本的拡大を二つの柱として、それを保証するために、エネルギーの安定供給と送電網などインフラ整備が不可欠な条件である。さらにドイツ一国のみならず、ＥＵの枠組みと連携における「エネルギー大転換」が構想される。このプロセスは長く時間がかかるが、世界をリードしようとするドイツの産業構造と生活様式が大きく転換される興味深いプロセスである。この詳細な分析が今後さらに必要である。

《本章は、「ドイツの再生可能エネルギー制度改革」『環境経済・政策学研究』第8巻第1号、２０１５年、37―49頁を、その後の進展をふまえ改訂したものである》

コラム5　もう一つのドイツの挑戦――「インダストリー4・0」

「エネルギー大転換」とならび、ドイツが国をあげて挑戦しようとしているのが、「インダストリー4・0」（第4の産業革命）である。「エネルギー大転換」が再エネと省エネを抜本的に進めるのに対して、「インダストリー4・0」は、少子高齢化と労働力不足のドイツで、製造コストの徹底削減を目指す。ただしたんなるコストの削減ではなく、現在、製造エンジニアリング部門を変革しつつある産業ITの先駆的役割を担うドイツの戦略的イニシアティブである。ドイツをして、グローバルな競争力をもつ、高賃金経済国に止まらせる狙いがある。実世界とITを結びつけるCPS（サイバー物理システム）が要であり、資源生産性、効率性を改善して、労働組織をよりフレキシブルに働かせるようにする。ドイツはインダストリー4・0の主導的なサプライヤーであり、ドイツの競争力を強めることになる。IOT（Internet of Things）を使って、生産の世界とネットワークを結びつけるのである。本プロジェクトのリーダーである、ドイツ科学技術アカデミーAcatech総裁でありSAP（ドイツ最大のソフト会社）社長であった、ヘンニヒ・カガーマンは、インダストリー4・0について、以上のように強調している。

大切なことは、このプロジェクトがドイツの国家的事業として、2006年（2010年改定）にハイテク戦略2020として始められて、2012年には「インダストリー4・0」として予算が2億ユーロ付けられた。プラットフォームが作られ、多くの研究機関と企業グループが参加している。ドイツ最大の産業見本市であるハノーファーメッセの中心テーマともなっている。分散型生産をすすめ、中小企業にメリットをもたらし、高度に個人的な消費のオンデマンド生産が可能になる。シーメンスは香水をカスタムメードできる生産ラインを展示した。また、シーメンスはデジタル・ファクトリー部門を新設し、SAPと4・0関連クラウド分野で提携し、ボッシュはグループ横断で専門部署を新設し、モデル工場を稼働させている。ドイツが先行して戦略をつくり、標準規格を確立し、市場を確保するという狙いがある。キーワードは、「自律性」「柔軟性」「最適化」「生産性」であり、エネルギー大転換が目指す資源・エネルギーの生産性・効率性の最適化に資する。

最大の課題は、もともと熟練労働力不足に対処するために生み出されてきた面があり、労働力コスト削減が先行することに対して労働組合は警戒しており、労働者の再訓練も必要となる。あくまで、意思決定の主体は人間であるという前提に立ち、人間の労働負担がどう緩和されるかが問題となる。エネルギーと労働はともに貴重な資源であり、これをいかにしてバランスよく節約的に使うかが、持続可能な生産にとって鍵となる。この製造業革命に対して、日本は大きく立ち遅れている。必要なのは、全体の長期的見通しと戦略である。

参考文献：日経ビジネス『まるわかりインダストリー４・０』２０１５年
岩本晃一『インダストリー４・０』日刊工業新聞社、２０１５年

第3章　ドイツの熱電併給（CHP）制度と現状

3・1　はじめに――調査の目的と対象

ＣＨＰ（熱電併給）は、天然ガスやバイオマス、バイオガス、廃棄物などの再生可能エネルギーを熱源として発電し、その排熱を暖房に使い、90％近くのエネルギー効率を達成できる。地域ＣＨＰの先進地であるドイツの制度の枠組みとシステムについて、デンマークなどとの比較を行いながら、日本の北方都市への適用可能性を念頭において調査検討することが本章の目的である。とくに主な普及方策として採用されている、固定価格買取制度（ＦＩＴ）、地域暖房（District Heating：ＤＨ）計画の推進、補助金・免税・税額控除、建築物規制等に注目して調査を行う。

調査聞取りは、２０１３年8月から9月に行い、ドイツでは、経済技術省・ＣＨＰ担当者、環境省「エネルギー大転換」部副責任者、ベルリン・エネルギー・エイジェンシー、ＣＨＰ協会（以上ベルリン市）、地域暖房（熱エネルギー利用）協会（フランクフルト市）、フランクフルト市（エネルギー局）の地域暖房、ＣＨＰ担当者に面接調査し、また施設見学した。

３・２　ＣＨＰ普及の目的

ドイツは、気候変動対策のための２０１０年エネルギー大綱の一環として、２０２０年までに発電量に占めるＣＨＰ（熱電併給）の割合を25％にする目標（現行16％）を設定した。ＣＨＰを支援および促進するために体系的な制度と法律を利用することができる。ドイツのＣＨＰに関する基本法である「コジェネレーション（ＣＨＰ、熱電併給）の維持、近代化、および拡張建設に関する法律（コジェネレーション法）」（ＣＨＰ法）は、２００２年３月19日（連邦法官報ＩＳ１０９２）に制定され、最新の改正は２０１２年７月12日（連邦法官報ＩＳ１４９４）に行われた。それによれば、「第１条：この法律の目的は、エネルギー節減、環境保護、および気候変動に関する目標の達成といったドイツ連邦政府の観点から、熱電併給システムの近代化および新規建設の促進、燃料電池の市場導入の支援、温熱および冷熱ネットワークの新規建設および拡充の促進、さらに熱電併給設備からの温熱や冷熱を保存する保存設備の新規建設や拡充の促進を通じて、ドイツ連邦共和国での熱電併給の発電量を２０２０年までに25％まで増加させることに貢献することにある」としている。

現状では、ドイツのＣＨＰは、電力の約16％（96ＴＷｈ）、熱の約20％（２００ＴＷｈ）を賄い、CO_2を約５６００万トン回避したことになる。

３・３　ＣＨＰ電力の買取保証

ドイツでは、一種の固定価格買取制度（ＦＩＴ）がＣＨＰに対して適用される（ジェトロ「欧州の熱電併給に関する市場および政策の動向」２０１３年）。

・設備容量50ｋＷ以下の部分＝５・41セント／ｋＷｈ（10年間または全負荷相当時間３万時間まで）
・同50ｋＷ超―２５０ｋＷ以下の部分＝４・０セント／ｋＷｈ（全負荷相当時間３万時間まで）
・同２５０ｋＷ超―２０００ｋＷ以下の部分＝２・４セント／ｋＷｈ

ここで注意すべきは、50ｋＷ超の施設の場合にも、50ｋＷ以下の部分には５・41セント／ｋＷｈが適用されることである。ＣＨＰの補助金は消費者電力料金に０・１１５セント／ｋＷｈ上乗せされる。

ＣＨＰ電力の買取保証の条件としては、

・ＥＵの旧ＣＨＰ指令（２００４年８月）で定められる高効率の基準を満たしていること、

・２００９年１月１日（一部のカテゴリーでは２０１２年７月19日）から２０２０年12月31日までの継続的な運転を開始していること、
・２０１３年１月１日以降に稼働するＣＨＰで、義務的な排出量取引法の対象となる発電プラントに対しては追加的に０・３セント／ｋＷｈが支給される。

３・４　設備投資の補助金制度

ＦＩＴのほか、ＣＨＰ設備投資に対して、一定の条件に当てはまる熱貯蔵施設の建設と拡張を行う場合は２５０ユーロ／立方メールの（上限は費用の最大30％）助成金が受けられる。直径１００ｍｍ以下の熱水パイプは１００ユーロ／メートル（上限は費用の最大40％）の助成金が受けられる。直径１００ｍｍを超えるパイプは投資費用の30％の助成金を受けられる。

さらに追加的ＣＨＰ促進策として、

・再生可能エネルギー熱法（Erneuerbare-Energien-Wärmegesetz：ＥＥＷ）２００８年（新築建物のオーナーに対して一定以上の再生可能エネルギー由来の熱利用を義務づけ）、
・20ｋＷまでの容量の熱電併給プラント（ミニＣＨＰ）導入支援に関する指針（２０１２年１月）、
・環境税制改革（２００９年、エネルギー税免除、年間利用率または月間利用率が70％以上の２Ｍ

W以下の高効率ＣＨＰ施設)、
・再生可能エネルギー法（ＥＥＧ）２０１２年（バイオマス施設に対して最大３６０ユーロの助成金が支給される)、
・復興金融公庫（ＫｆＷ）開発銀行プログラム

などがある。

３・５　地域暖房網の所有、管理、接続義務

ドイツでは、Stadtwerke（公営企業体）などが電気と熱とガスを供給しているところは、フランクフルト（Frankfurt am Main）市のようにガスパイプの設置と熱供給パイプの設置を調整できる。熱電併給ではない地域暖房網も存在している。地域暖房の所有形態についても、デンマークは住民所有が多く、非営利で、住民に地域暖房網への接続義務があるのに対して、ドイツは、3形態（私有、公有、混合）があり、住民の接続義務はないという特徴がある。現在、ドイツの熱供給の14%は地域暖房である。天然ガスのパイプは広がっているが、一部は地域暖房パイプと併存しており、地域暖房網は人口密集地に、ミニＣＨＰは分散地にという棲み分けをする方向である。パイプラインコストは、地域と道路状況によって異なる。大都市の地域暖房は、冷房もできる。天然ガス

価格が安く、電気代が高いとＣＨＰは有利となる。

自家消費型ＣＨＰにより発電された電力自家消費分については、ＥＥＧ（再生可能エネルギー法）による上乗せ料金（賦課金）がかからないできた。このため、電力、熱を自給し、余剰電力を売電する自家消費型のＣＨＰが増えている。これらは地域冷暖房システムに接続しないため、地域暖房の利用率が低下してしまう。なお、ＣＨＰを第三者（利用者、熱供給者以外）請負事業で行う場合は、この第三者がＥＥＧによる上乗せ料金（賦課金）およびＣＯ$_2$税を払うことになる。

ドイツは脱原発を背景として、再生可能エネルギー拡大を目標に、ＣＨＰを再生可能エネルギーの変動対策としても位置づけており、風力や太陽光による電気を熱に変換して、熱水で貯蔵する。これがＣＨＰ法の２０１２年改正で、power to heat（電気から熱への変換）として位置づけられた。

３・６　ドイツの事例――フランクフルト市

フランクフルト市の熱エネルギー方針における、ＣＨＰの位置づけは、以下のとおりである。

・省エネルギーは再生可能エネルギーよりも安くつくという立場で、詳細なエネルギー利用と節約可能性の調査を実施している。その結果、80％までの省エネルギーができる。

・ＣＨＰと地域暖房は、エネルギー源を変えて使い続ける。ＣＨＰにより90％の熱利用効率になる。

・再生可能エネルギーで、残りのエネルギーを賄う。

今後、15年間でのCO_2削減目標は、①熱と電気の省エネルギーで63％削減、②地域暖房で石炭利用を代替し、22％削減、③ＣＨＰで４％削減する。現状は、産業用で地域暖房の接続率は65％、商業用は57％であるのに対して、家庭用はまだ12％である。当面は、３つの地域暖房網と産業用ＣＨＰを進め、５ＭＷ以下の小型ＣＨＰを２００セット計画している。

３・７　むすび――学ぶべき教訓

以上、ＣＨＰに関するデンマークとドイツの制度と日本の状況を比較して表６に示す。両国の経験から学ぶことができる教訓をまとめると以下の４点に集約される。

第１に、気候変動対策、エネルギー効率向上のための有力な手段として、ＣＨＰ普及の目的を位置づけることである。

第２に、ＣＨＰ電力の買取保証とＣＨＰ設備投資の債務保証や補助金等の制度がＣＨＰ普及のためには不可欠である。

第３に、ＣＨＰの普及は、ＤＨ地域暖房網の所有、管理、接続義務に深く関係しており、これがデンマークの高普及率などと比べた場合のドイツの課題である。

表6　CHP（熱電併給）制度の国際比較

	デンマーク	ドイツ	日本
CHPへの接続義務	自治体に決定権	住民に接続義務はない	住民に接続義務はない
地域暖房の所有	住民所有が基本	私有、公有、混合形態	公社形態が多い
CHP電力の買取保証	あり	あり	なし
設備投資への補助制度	あり	あり	部分的にあり
設備容量と普及率	6GW 電力の63%	22GW、電力の約17%、熱供給の14%	9GW電力の2.4%
CHP関係主要法令	熱供給法(1979年、最近改正2011年)	コージェネレーションの維持、近代化、拡張建設に関する法律（2002年、最近改正 2012年）	特別の法律なし、関連法：熱供給事業法（1972年）

出典：コージェネレーション白書2012、聞き取り結果などから筆者作成

第4に、規制緩和（道路占有・熱水パイプ等の施設基準など）の必要性が示されており、さらに電力自由化、電力価格の変動の影響も検討する必要がある。

なお、現在、CHP法の改正が提案されており、CHPについて天然ガスを燃料とする調整電源に位置づける方向である。

謝辞

本研究は、環境省の環境研究総合推進費（B―2―301）により実施された。

《本章は吉田文和・佐野郁夫・荒井眞一「海外の熱電併給（CH

P）制度調査報告——ドイツ・デンマークを中心に」『人間と環境』第40巻第3号、２０１４年を改訂したものである。》

第４章　送電網と電力市場問題

４・１　はじめに

脱原発と再生可能エネルギー拡大にともなう問題として、ドイツ全体の送電網と電力市場問題がある。２０１５年現在稼働中の８基の原発のうち、５基は南部のバイエルン州とバーデン・ヴュルテンブルク州にあり（２０１５年６月末にグラーフェンラインフェルト原発（本書写真2、29頁）が停止したので、８基のみ稼働中）、これが２０２２年までに順次停止する。そのために、北部の風力発電による電力を南部に送電する送電網の建設が進められているが、計画どおりには進んでいない。主な理由は、途中の送電線の周辺に住む住民の反対があり、これはインセンティブ問題でもある。高速道路の場合には、周辺住民に利用可能性があるが、高圧送電線の場合には、その可能性はほとんどない。たんなる迷惑施設として、健康影響の懸念や景観悪化を理由とした反対にあうことになる。

さらに送電網問題の背景をみると、電力自由化と発送電分離が進められ、同時にＥＥＧによる再生可能エネルギーの導入拡大が進んだために、全土に分散化した再生可能エネルギーの発電などを接続する低中圧の送電網の建設が不可欠になった。また送電網整備が送電系統運用者（ＴＳＯ）の責任となり、風力発電事業者には送電網不足のシグナルが十分に伝わらないという制度上の問題もあった。そこでドイツ南部の電力をとくに冬期間、どう確保するかが問題となる。主にそのために提起されているのが、電力容量市場の問題である。容量市場とは簡単にいえば、電力需要の変動に備えて、実際の発電量ではなく、発電容量を準備待機させておくことに対して、入札により待機料金を払うという制度である。実際に発電しなくとも、待機することに対する支払が行われるので、その分のコストがかかるが、電力の安定確保の保証となる。

しかし、実際のドイツの発電容量は全体で１８０ＧＷ程度あり、稼働している発電所は80ＧＷ程度で、これを見ると発電容量は過剰な状態であるといわざるをえない。そこでさきに説明した発電容量市場を導入すれば、老朽化した火力発電所を、電力需要の変動に対して待機させておくコストを払うことになり、四大電力会社のためであるという批判が強い。

実際、ドイツ政府が２０１４年10月に公表したディスカッション・ペーパー『グリーンペーパー――エネルギー大転換のための電力市場』（BMWi, 2014, *Ein Strommarkt für Energiewende* (*Grünbuch*)）は、電力容量市場に対して批判的な立場を示している。こうしたことも背景に、四大電力会社の一つエーオンが、在来火力と原発部門の「クラシック会社」を切り離し、風力・太陽光・送配電・分散型エネルギー供給を中心とした「エーオン・未来会社」として再出発するという方向性を２０１４年末に出したが、２０１５年9月に、原子力部門の分離計画を撤回した。

ドイツでは、旧東ドイツ時代から続いてきた褐炭火力発電所をどう扱うかが、２０１４年後半から大きな議論になってきた。褐炭はドイツにとって国内資源であり、約7万人の関連雇用はあるといわれるが、CO_2排出量が多く、しかも露天掘りで採掘跡地も残り、環境保全上の問題は大きい。私は褐炭採掘跡地を見学したことがあるが、大きな湖として再生させる試みや風力発電を立地させる動きもある。もう一つ、問題を複雑にしているのは、旧東ドイツ部分の発電部門が電力自由化により、スウエーデンの国営会社のバッテンファル（Vattenfall）の経営の下にあるという点である。２０１４年のスウエーデン本国の総選挙により社会民主党と緑の党の連合政権となり、褐炭火力発電への見直しも示唆された。一方、現ドイツ政権に入った社会民主党の党首のガブリエルが経済エネルギー大臣となり、エネルギー自立と雇用を守るという点から褐炭発電所の継続を表明して、緑の党や左翼党から批判を浴びることとなった。これも容量市場問題と関連しており、いまやドイツの電力供給の二大柱が再生可能エネルギー（風力、太陽光、バイオマス）と褐炭火力発電であるという事態となったのである。しかしドイツとしても、気候変動目標の達成のために、褐炭発電所の順次閉鎖の方向に向かわざるをえなくなった（次節参照）。バッテンファル社も褐炭発電所を売却か閉鎖する方向であり、代わりに再生可能エネルギー分野に投資する方向も提案されている（IÖW,

表7　ドイツにおける発電関係の環境コスト

（単位：セント／kWh、2010年価格）

	大気汚染	温室効果ガス	環境コスト全体
褐炭	2.07	8.68	10.75
石炭	1.55	7.38	8.94
天然ガス	1.02	3.90	4.91
石油	2.41	5.65	8.06
水力	0.14	0.04	0.18
風力	0.17	0.09	0.26
太陽光	0.62	0.56	1.18
バイオマス	1.07	2.78	3.84

出典：UBA,2012, Schätzung der Umweltkosten in den Bereichen Energie und Verkehr, tabelle 3

2015, Road Map For Transition: Vattenfall 2030）。

4・2　ドイツ政府の立場

以上のような背景を踏まえて、ドイツ政府の方針を理解する必要がある。政府のモニタリング報告は、第3部「エネルギー大転換のための枠組み条件」で、この問題を扱っている（BMWi, 2014, Monitoring Bericht 2014）。それによれば、電力市場は下降局面にあり、再生可能エネルギーは増加し、原子力は2022年までに停止となるので、風力と太陽光の変動への対応が挑戦的課題となっている。そこで最適な電力市場の設計、信頼できる法的枠組み、投資、容量市場の問題が生じてくる。政府は、2014年10月にディスカッション・ペーパーを公表し、意見聴取の結果、「電力市場2・0」の方向を目指す方針（白書）を示した（BMWi, 2015, Ein Strommarkt für die Energiewende, *Ergebnispapier des Bundesministeriums für Wirtschaft und Energie*（*Weißbuch*)）。その結果、「電力市場2・0」が供給安定性、コスト面、イノベーション促進の3点から支持され、「容量市場」は市場性を高めず、リスクと負担を歪める、エネルギー大転換を遅らせるなど3点から批判される。「電力市場2・0」の3つの柱は、①強力な市場メカニズム（自由な市場形成、透明性、バランスの信頼性、15分ごとの規制）、②フレキシブルで効率的な電力供給（ヨーロッパ規模の市場、フレキシブルな負担、送電網の拡大、電気自動車利用、スマートメーター、熱電併給を電力市場へ統合、透明性）、③安定供給への補助（安定供給、容量リザーブ、送電網の発展）、である。それと対応して、2015年7月に連立政権の合意により、「電力市場2・0」を基本にし、市場外の容量リザーブ（容量市場ではない）で補足し、リザーブ電源としてガス火力発電所について4年を目途に再稼働し、代わりに褐炭発電所を閉鎖する方向である。これにより、CO_2削減目標不足分2200万トンの約半分を削減する計画であるという（Politische Vereinbarungen der Parteivorsitzenden von CDU, CSU und SPD, 2015 “Eckpunkte für eine erfolgreiche Umsetzung der Energiewende”）。

設備容量は、中期的には十分であり、現在は過剰容量である。これは電力自由化とEUとの送電網のため、また再生可能エネルギー拡大のためであり、供給安定性はヨーロッパ規模で考えるべきで、追加の容量は不要になっているという。

4・3　送電網・パイプライン拡大

他方で、送電網・ガスパイプライン拡大は不可欠である。再生可能エネルギー拡大、電力市場の自由化は、電力送電網の既存分の充実と拡大を求めている。そのために、政府は系統拡張加速化法（Netzausbaubeschleunigungsgesetz übertragungsnetz, ２０１１年）をはじめ、住民の理解を得て公衆の参加を図るなど努力を重ねてきた。また、同時にシステム安定化に務めてきた。

送電網のコントロールも連邦ネットワーク庁（BNetzA, 電気通信分野の自由化の推進政策立案と規制監督の分離を目的に発足した独立規制機関）と各州の規制のもとで、送電料金の規制方法も変わり、効率を上げた利益をオペレーターが使えるようになった。国内の非効率のプラントを残すよりも、ＥＵ規模での送電網を拡大するという共通利益プロジェクトが重要である。再生可能エネルギーの高レベルの安定した効率的ネットワークを柔軟に使い、スマートグリッドを活用して、送電網構造の効率的使用を図るという構想である。実際、南部の電力不足に対して、周辺のオーストリアなどと協力し、さらにアルプスとスカンジナビア諸国の水力発電を揚水調整電源として活用する計画であり、ドイツとノルウェーとの海底電線「ノルド・リンク」が拡充されつつある。

図10　ドイツの電力システム

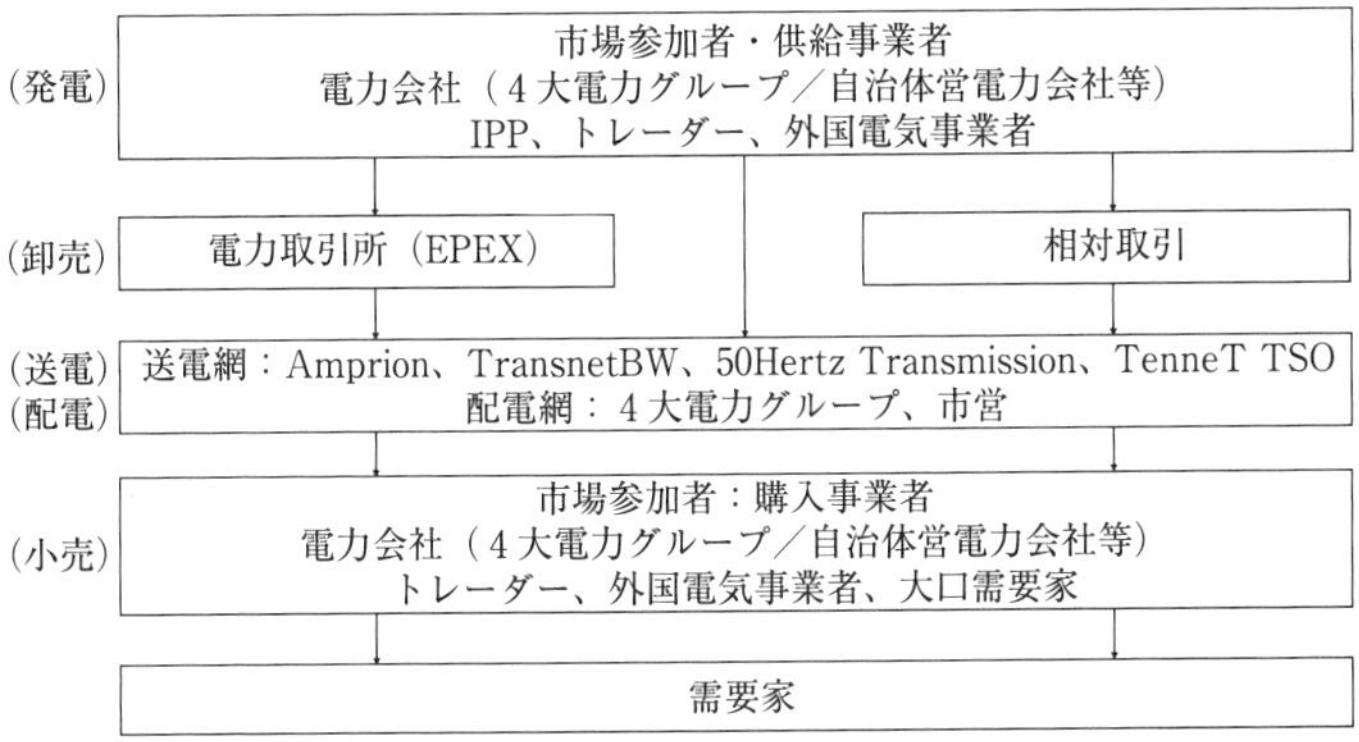

出典：海外電力調査会、データ集、ドイツ、2015年

4・4　日本の発送電分離

再生可能エネルギーの優先接続の原則は、ドイツのみならず、デンマークやスペインなどでも実現されて、ある時間帯の総電力に占める再生可能エネルギーの比率が、50%を超える場合も起きている。これが可能になったのは、発送電が分離されて、送電系統運用者（TSO）が、差別なく再生可能エネルギー電力を受け入れることが義務付けられているからである。ドイツでは、4大電力会社から4送電会社が分離され、デンマークでは公営企業のenerginet.dkが、スペインでも、同じくREE（Red Eléctrica de España）が送電網を一元管理している。

風力や太陽光などの再生可能エネルギーが大量導入されると、電力系統が不安定となり、コントロールが困難となることは確かである。しかし、その困難を克服するために、長距離送電網の整備や電力の調整・貯蔵、スマートメーターの利用などの研究開発と実際の利用が進められてきた。この分野こそ、国の基本的インフラ投資として、またイノベーションの柱として重視すべきところであり、ＥＵなどは、ＥＵレベル全体で計画的投資が進められている。ドイツでは、２０１４年の発電総量のうち、再生可能電力が火力発電、原子力発電を抑えて、第1位となり、それでも接続問題はおきていない。ドイツ国内の平均停電時間は、２０１４年は12・28分だった。これは前年比80％に短縮できたことになるという（Bundesnetzagentur, 2015. 8.20）。日本の年間平均停電時間は２０１３年で16分である。

ドイツのみならず、デンマーク、スペインなどでも、共通して、制度上、再生可能エネルギー電力の送電網への接続を保証して、さらに電力自由化と発送電分離を進め、かつ送電料金も独自に徴収できるようになっているのである。つまり、制度上の改革を進め、それに対応して技術的な問題を解決してきているのである。日本においても、ようやく電力自由化（２０１６年）と発送電分離（２０２０年）を定めた電気事業法が２０１５年6月に成立したのである。

日本の電力制度は、総括原価方式による地域独占体制が戦後長く続いてきたために、再生可能エネルギー電力導入や発送電分離を想定しておらず、その結果、技術面での対応も遅れたのである。ＩＥＡ（国際エネルギー機関）による日本の電力システムに対する評価は、市場設計については、大変厳しく、「『地域分割』不透明な手順及び非効率な変動再生可能エネルギー（ＶＲＥ）負荷配分が柔軟性を制限する」（ＩＥＡ『電力の変革』ＮＥＤＯ、２０１４年、２２６頁）とされている。

表8　日本の市場設計の採点

側面	採点と関連する説明
非VREの負荷配分	採点：貧弱。 説明：JEPXの電力交換の役割はごくわずか。負荷配分は、隣接地域との限定的な調整により垂直統合された地域EPCOsにより実施される。電力供給は、長期契約に基づく。
VREの負荷配分	採点：貧弱。 説明：負荷配分は、近隣地域との限定的な調整で、垂直統合された地域EPCOsにより行われる。固定価格買取制度が2012年7月から始まり、RPSが廃止され、既存の太陽光FITにとり替わった。VREは、他の発電の先に抑制される。
負荷配分間隔	採点：中位。 説明：JEPXの前日スポット市場は、半時間毎（1日当たり48の決済）の限界価格入札である。取引量が少ないため、JEPXの電力取引における役割には限界がある、しかし、ここでは30分以下の負荷配分間隔である。
運用計画の最終更新	採点：中位。 説明：JEPXのスポット市場では、リアルタイムの4時間前までの取引が可能。
システムサービスの定義	適用不可。 説明：それぞれのEPCOは、正規市場あるいは予備力の透明な定義や必要量によらず、個別に需給調整を行う。
システムサービス市場	適用不可。 説明：アンシラリーサービス市場は設定されていない。しかし経済産業省が検討中。
送電網の考慮	採点：中位。 説明：ケーススタディ地域は、それぞれ一つのEPCOが管理する3つのゾーンに分割される。
連系線の管理	採点：貧弱。 説明：選択されたケーススタディ地域（東日本）は、西日本地域との連系が弱い。送電容量は、主に長期契約に基づき設定される。

キーポイント：地域分割、不透明な手順及び非効率なVRE（変動再生可能エネルギー）負荷配分が柔軟性を制限する。

出典：IEA『電力の変革』日本語版、2014年、226頁

日本のＦＩＴ制度は、再生可能エネルギー大量導入のきっかけをつくり、太陽光を中心に再生可能電力の導入が進むという成果を生んだ。しかし、再生可能エネルギー電力導入の制度枠組み、目標、政策体系という面から見た場合、再生可能エネルギー電力の拡大目標が不明確であり、かつ制度政策の見直し、買取価格の改定などの規定も十分でなかった。その結果、再生可能エネルギー電力のうち、約95％が太陽光となり、風力、バイオガスなどの導入が大幅に遅れている。当初、太陽光の買取価格は、40円／ｋＷｈを超え、これはすでに20円／ｋＷｈを切っていたドイツの太陽光買取価格と比べても2倍以上の設定であった。この高い買取価格がとくにメガソーラーへの内外の投資を呼び込むことになり、一種の「太陽光バブル」が発生した。これまでに設備認定された太陽光設備の実に95％が非住宅用である。

資源エネルギー庁の試算によれば、設備認定された太陽光設備などがフル稼働すれば、賦課金総額は単年度で2兆７０００億円に達し、標準家計の負担は月９３５円になるという（２０１４年は月２２５円、２０１５年は月４７４円である）。しかし、太陽光設備の稼働率は平均で約10％であり、実質的な発電量がどの程度になるかは、不確実であり、また安いコストで高い稼働率の風力発電（約20―30％）などの導入が決定的に遅れているという残された問題も大きい。

このため技術進歩に対応した買取価格の見直しを、より柔軟かつ頻繁に行うことが必要である。このようなＦＩＴ制度そのものの改革と並行して、さらに再生可能エネルギーの優先接続の確保のために、風力発電やバイオマス設備の許認可、環境アセスメント条件などの規制改革が是非必要であり、基本的なインフラ設備である送電網の拡充、再生可能エネルギー電源の変動に対応する調整電源への投資が急務である。

電力については、これからの制度枠組みが大きく変化し、電力自由化と発送電分離の日程がすでに決まり、電力会社の地域独占と総括原価方式も大きく変わりつつある。原子力を続ける場合にも、基準の強化、安全対策の抜本的見直しに対応して、原発そのもの以外の避難計画や道路整備を含めれば、原発の本格的な再稼働には膨大な追加投資が必要となってくる。そのために、原発部門が各電力会社のお荷物になる可能性があり、原発の国有化やイギリスのような、原発へのＦＩＴの適用などの可能性も出てくる。

４・５　むすび

電力自由化により、消費者が電力会社を自由に選べる幅が広がり、少しコストがかかっても再生可能エネルギーの比率が高い電力を選べる可能性（ドイツのように）も広がっており、地域の生協が灯油などとセットで安い電力を販売するという計画も出されている（コープ札幌）。電力生産への他分野からの参入のみならず、電力会社がガスや熱分野への参入を果たし、「総合エネルギー会社」に変身する動きもある（東京電力の例）。ＬＮＧの共同購入で、東京電力と中部電力が共同で会社を設立した。発送電分離も、どのように行われるかにかかっている。たとえば、東日本では、東京電力、東北電力、北海道電力などが協力して送配電設備の共同購入でコストを引き下げながら、送電分野で協力を広げる動きが進んでいる。事実上の「東日本送電会社」へ向けた動きである。

北海道と本州を結ぶ北本連系線の増強計画がどのようになるか、送電会社が東西日本に一つずつできれば、送電会社の公共性がますます重要となり、再生可能エネルギーの優先接続が不可欠となる。以上のような電力自由化と発送電分離の進行など枠組み条件の変化が今後の日本のエネルギー市場のあり方に大きく影響してくることは間違いない。こうしたエネルギーをめぐる現状分析、目標、枠組みを踏まえた筋立て論理と倫理が大切であり、本格的な議論が、根拠資料と透明性を持って進められることは、これまでの失敗を繰り返さないためにも是非、必要である。

■コラム6■　自動車大国──ドイツ

自動車利用大国アメリカの原型を作ったのは、ドイツである。ダイムラーの自動車と高速道路のアウトバーンは、その原型は戦前ドイツが作った。ドイツの石油利用の大半は、自動車用燃料であり、CO_2発生の約2割を占めるために、交通分野からCO_2をいかに減らすか、また原燃料の対外依存度を減らす意味からも大変重要な課題である。自動車交通を減らすた

表９　ドイツにおける環境に有害な補助金（2010年）

1　エネルギー生産と利用分野	**216億4900万ユーロ**
製造業と農林業への電気税、エネルギー税の減税	25億1800万ユーロ
製造業への環境税のピーク減税	19億3900万ユーロ
エネルギー強度の高いプロセスへの減税	9億8300万ユーロ
石炭への補助	19億1700万ユーロ
褐炭産業への補助	少なくとも２億7900万ユーロ
石炭へのエネルギー税の免除	１億9000万ユーロ
エネルギー生産物への生産者への補助	３億ユーロ
化石燃料の非エネルギー使用へのエネルギー税減免	少なくとも 15億8000万ユーロ
CO2 排出への無料配分	60億9800万ユーロ
エネルギー強度の高い産業と鉄道への EEG の特別免除	14億5500万ユーロ
自家消費産業の EEG 免除	7億5400万ユーロ
エネルギー強度の高い産業への電力網利用賦課金の軽減	3300万ユーロ
特別契約者への電力料金の値引き	35億ユーロ
エネルギー強度の高い産業への熱電併給賦課金の減免	１億300万ユーロ
原子力産業への補助	数値化できず
石炭と原子力プラントへの輸出保証金	数値化できず
2　交通分野	**241億6800万ユーロ**
軽油税への優遇措置	70億5000万ユーロ
通勤費の税額免除	50億ユーロ
航空機燃料にかかるエネルギー税の免除	69億1500万ユーロ
国際航空への付加価値税の免除	34億9000万ユーロ
内国水上交通へのエネルギー免除	１億6600万ユーロ
港湾に使用される機械自動車へのエネルギー税免税	2500万ユーロ
会社の自動車個人利用への一括課税	５億ユーロ
バイオ燃料	10億2200万ユーロ
3　建築物関係	**58億7700万ユーロ**
4　農林業、水産業	**５億3000万ユーロ**
全体	**522億2400万ユーロ**

出典：UmbeltBundesamt, 2014, *Umweltschädliche Subventionen in Deutschland Aktualisierte Ausgabe 2014*, tabelle 3

めに、貨物輸送の鉄道への切り替えや、市街地中心部への自動車の乗り入れ規制、自転車の普及と専用道路の整備、カーシェアリングの促進などの他、環境税や燃料税をはじめ、経済的手段の強化も図られている。しかし、EUの経済統合、中東欧拡大の結果、ドイツ国内を通過するトラック輸送量も増加し、アウトバーンは貨物輸送から通行料金を取るものの、有効な手立てを打てない状況である。自動車の燃費向上策もエンジンの改善、ディーゼルエンジンの高性能化（フォルクスワーゲンの排ガス不正問題を見よ）、バイオディーゼルの普及などがすすめられてきたが、まだ決め手はない。

ドイツ環境省は、対策として、①都市計画と交通計画を通じた交通量の削減、②環境に優しい交通方法、③経済的手段、④燃費の向上、⑤消費者への情報提供、運転方法の改善、などCO$_2$削減を図る計画を立てている。

自動車に関連して、連邦環境庁は、『環境へ悪影響を及ぼす補助制度2014』を公表し、2010年においてドイツ国内で自然環境に悪影響を及ぼすと考えられる補助制度の総額はおよそ520億ユーロ（約6兆円）以上にのぼり、そのうち約242億ユーロが交通分野へ支出されているという。そのうち3つの分野で約189億ユーロになる。それは、①軽油税の優遇措置、②航空燃料にかかるエネルギー税の免税、③通勤費の税額控除（通勤費は企業が支給するのではなく、個人が距離に応じた費用を確定申告で所得控除される）、などである。

環境庁は、税制の優遇措置が過剰であるため、本来得られる税収が減少し、「二重の配当」

効果が弱まると捉えている。（Umweltbundesamt, 2014, Umweltschädliche Subventionen in Deutscheland, Akutualisierte Ausgabe 2014）

第III部

再生可能エネルギーと地域

第1章 再生可能エネルギー利用と地域活性化

1．1　はじめに

福島原発事故をきっかけに、脱原発を最終決定したドイツでは、国からと下からの自治体による「エネルギー大転換」がドイツの経済力を強めると判断した。なぜなら、風力、太陽光、バイオマスなどの再生可能エネルギーに関連する技術と生産は、ドイツの強みである機械工業、電機工業の競争力と輸出を伸ばし、同時に地域分散型エネルギー供給によりリスクを分散し、雇用も増やし地域経済を強めるという戦略があるからである。

この点から、再生可能エネルギーによるエネルギー自給と地域活性化を目指す、多様な取り組みがドイツやデンマークでは活発である。すでに少子高齢化社会であるドイツが、地方に多様性があり、持続可能で元気なのは、この取り組みによるところが大きい。100％エネルギー自給を目指す自治体が全ドイツに150近くあり、その自治体の人口も2600万人に達する。

　そこで、本章では、再生可能エネルギーと地域活性化に関して、ドイツと日本の北海道の事例を紹介・分析して、原子力への依存を減らしながら、どのようにしてエネルギーを賄い、CO_2を減らし、持続可能な地域づくりを創造していくか、それを探りたい。分析に際しては、地域経済の活性化が焦点となるので、資金額と調達方法、雇用などについて、できるだけ詳しく報告したい。

　あらかじめ、ドイツの再生可能エネルギー施設の所有形態を見ると、広義の市民所有（過半数以下の所有も含む）が47％を占め、制度的戦略投資が41・5％、残りの12・5％がエネルギー供給会社である（2012年）。とくに、太陽光、陸上風力、バイオマスの三種の再生可能エネルギーは、市民所有の比率が高く、太陽光は48％、陸上風力は45―50％、バイオエネルギーは42・2％である。純投資額167億ユーロで見ると、市民所有は約30％を占める（trend：research Institut/Leuphana Universität Lüneburg, Definition und Marktanalyse von Bürgerenergie in Deuchland 2013）。このように市民所有率が高いので、再生可能エネルギー固定価格買取制度（ＥＥＧ）が支持されるのである。

１・２　７７２もあるエネルギー協同組合

１・２・１　エネルギー協同組合の取り組み

ドイツ協同組合連合会（Deutscher Genossenschafts-und Raiffeisenverband：ＤＧＲＶ）は、ドイツの信用組合、農業組合、中小企業組合、消費者組合など協同組合の連合組織である。それによれば、エネルギー協同組合は急速に増え、２０１４年末には、これが７７２組合、約13万人の参加で総資本は４億３８００万ユーロ（約６１３億円）に達しているという（Energiegenossenschaften. Ergebnisse der DGRV-Jahresumfrage, zum 31. 12. 2014）。協同組合のうち、約10％がエネルギー協同組合である。サッカークラブのように自主的に管理して、地域の会社、市民の所有にできる。有限会社などと違い、弁護士や監査が不要である。

エネルギー協同組合は、再生可能エネルギーの地域における普及と受容に大きな効果がある。組合へのアンケート結果によれば（ＤＧＲＶ、２０１２年による）、必要なエネルギー確保のために、多少コストがかかってもよいという声が多いという。このように、エネルギー協同組合は、エネルギーの自給自足を目に見えるかたちで行い、またグリーン投資の機会となり、平均で４％の収益を上げている（通常の10％—12％よりも低い）。つまり、「エネルギー大転換」を地域から担うものである。

もう一つの役割は、地元の参加、雇用、利益の地元還元が期待できることである。アンケート結

表10　協同組合と有限合資会社の比較

	協同組合	有限合資会社
責任	・株主は個人責任なし ・責任は協同組合資産のみ	・株主は個人責任なし ・有限会社は合資会社に完全責任 ・有限会社は事業資産レベルまでの責任のみ
組織	・役員会 ・諮問委員会 ・総会（一人1票制）	・代表取締役 ・諮問・経営委員会 ・株主総会
	会社が利益を上げた時の税制	会社が利益を上げた時の税制
営業税	・免除なし ・操業経費なし ・株主には適用されない	・最初24,500ユーロまで免税 ・操業経費なし ・最大の営業税に対する適用可能な営業税のレベルの3.8倍で株主に課税
所得税	・会社のみが課税される ・15%の所得税 ・5.5%の連帯税	・会社は課税されない
損失	・損失は繰越可能 ・株主は損失をおわず	・資本シェアに応じて年度損失を、最大出資資本額まで分配する
株主所得の性格	・資本資産からの所得 ・801ユーロまで免除	・経営活動からの所得 ・免除なし

資料：BBE, Community Wind Power, 2012, p.15

果からも、再生可能エネルギーの促進と地域価値の創造に意義が認められる。エネルギー協同組合は、中小規模の投資に向いており、洋上風車などの大規模な投資には、あまり向いていない。実際、エネルギー協同組合は太陽光パネルが多い。資金の約3分の1は組合員の株で、残りは銀行、とくに地域の協同組合銀行からの融資を受けることが多いという。

さらに、エネルギー協同組合の運動は、共通して、①熱心なリーダー、パイオニアが存在すること、②投資のタイミング、③参加の動機、が重要であるという。

1・2・2　ドイツ全国の取り組み事例

現在ドイツでは、772のエネルギー協同組合がつくられているという。その事例を紹介したい。デンマークとの国境に近いシュレースヴィッヒ・ホルシュタイン州のホニヒセ村（キールの南）では、地域暖房用のバイオガスネットワーク建設で、二つのCHP熱電併給設備をつくるのに450人が参加した。はじめ、100万ユーロ（約1・3億円）かかる見積もりが出たにもかかわらず、情報公開と透明性を確保して、エネルギー協同組合をつくり、資金を集め、メンバーの資金、村の投資、補助金を使い、63万ユーロ（約8500万円）に投資金額を減らした。

同じように、ニーダーザクセン州のオランダ国境近くのラーテンでは、自治体としての目標、2020年再生可能エネルギー75％を立て、エネルギー協同組合による市民参加で、木質バイオマスによる地域暖房に800戸が接続している。各家庭は4000ユーロ（約56万円）の接続費用がかかるものの、暖房費はkWh当たり4・5セントで、天然ガスの6・1セントよりも安いという。

ヘッセン州のシュターケンブルク地方では、市民風車が基金を探していたが、2基の計画に対して、はじめ住民が反対したにもかかわらず、エネルギー協同組合で住民参加方式にして住民の反対を和らげて、230人が投資し、うち地元から半分が集まった。350万ユーロ（約4・5億円）

を集め、１２５０世帯分の電力を生み出している。

ラインラント・プファルツ州のリーバーハウゼンでは、木質バイオマスの地域暖房を行うにあたり、行政の協力を得て、ボランティアの協力で費用を低減させた。92家庭に接続し、１７０万ユーロ（約2・2億円）かかった。

エムデンのフォルクスワーゲン工場では、風力発電に関わったメンバーがエネルギー協同組合をつくり、太陽光パネルを工場の屋根につけた。２１９人が参加した。

北海沿岸のニービュルでは、デンマーク国境近くにベスタス製の風車５基（各３ＭＷ）を市民風車として運営している。２００７年に８５０人の市民から１口５００ユーロで３００万ユーロ（約4・8億円）を集めた。市長のイニシアティブで市民が風車の株を持つ（写真５）。

ハノーファーの北、アラー・ライネ・タール地域（14村）では、７万５００人の参加で、43基の風車、２９３基の太陽光パネル、14基のバイオガスプラントなどの再生可能エネルギーへの総合的取り組みを行っている。ＥＵレベルの協力と行政の調整、市民参加の協同である。

オープリッヒハイム原発を２００５年に廃止したバーデン・ヴュルテンベルク州の61都市では、全体で40万人が参加して、バイオエネルギーへの様々な取り組み、グリーン電力、地域暖房、などを行っている。

この他、旧褐炭生産地のグリーン化、旧米軍基地のグリーン化なども進んでいる。

以上の１００％再生可能エネルギーを目指す地域連合の取組は、この10年間に全ドイツに広がり、

写真5　北海沿岸の風力発電パーク

（撮影：吉田文和）

その成功要因としては、鍵となる参加者メンバー、政策と経済の協力、オンサイトのエネルギー供給者の存在、再生可能エネルギーのミックス、金融資金の提供、プロセス管理の重要性などが確認されている（IdE, Dr. Peter Moser による）。

1・2・3　エネルギー自給村 ――フェルトハイム

最新の事例として、ドイツで最初のエネルギー自給村（２０１０年10月から）を紹介しよう。ベルリンから西南へ60ｋｍのフェルトハイムは、人口１４５人（２０１２年）の旧東ドイツ農村である。企業と自治体の連携でＥＵの補助金をもらい（総予算１３００万ユーロ中、州とＥＵの補助金40％）、最初の分散型ネットワークの実験プロジェクトで、スマートグリッドの実験も行っている。現在、広大な農地に43基の風力発電機（エネルコン社製、74ＭＷ）

図11　フェルトハイムの電力と熱の自給システム

出典：http://www.neue-enegie-forum-feldheim.de

とバイオガスによる熱電併給の地域暖房施設がある。風車は民間の「エネルギー源」社の所有で、生産された電力の大部分は電力網に入るが、地元で必要な電力は地元で使えるようになっており、「電力の地産地消」を実現している。ヨーロッパ最大級の風力発電の蓄電技術（リチウムイオン蓄電池10MW）も導入した。バイオガス施設は、農業組合との合弁事業である。組合員の参加（一人3000ユーロ出資）で年間400万kwhを発電し、かつ熱供給し、蓄熱機能付きで、地元にとってのメリットは安い価格での電力（16・6セント／kWh）と暖房の自給であり、年間16万リットルの石油節約（10万ユーロ）となる。同時に風力発電関係、農業組合、そして高付加価値の追尾型太陽光パネルメーカーなどで合計60人分の雇用を生み出している。また「エネルギー源」社は、実験を兼ねた追尾型太陽光メガソーラー（２ＭＷ、40ヘクタール）を、旧ソ連軍汚染地へ立地させている。

フェルトハイムは発電から配電まですべてを自分たちで行うエネルギー自立自治体として意義がある。２００７年に設立されたフェルトハイムエネルギー社はそれを運営する会社であり、フェルトハイム村が属するトロイエンプリーツエン市、地元農協、エネルギー源社と村の住民が出資する有限合資会社である。ローカルグリッドから熱または電力を受け取るためにはじめ１５００ユーロ（両方の場合は３０００ユーロ）を支払えば同社の出資者になることができる。はじめ地元の配電網を運営する電力大手のエーオン社に交渉して配電網賃貸の交渉をしたが、まとまらずフェルトハイムエネルギー社は自分たちの費用負担で村中の自家消費用の配電網を敷くことになったのである。

１・３　バイオガスとＣＨＰ（熱電併給）

１・３・１　グロスバードルフ
――農業協同組合が主体となったエネルギー協同組合と有限合資会社

東西に分断されていたドイツでは、西側の境界付近でも開発が遅れ、また放射性廃棄物の処分場のゴアレーベンもアッセも旧境界近くにある。バイエルン州北部は、旧東ドイツのチューリンゲン州との境界にあり、レーン・グラープフェルト郡は、人口8万7000人で、農民は減り続けている。そこで、バイエルン農民連盟が中心となって作られたアグロクラフト社は、協同組合の理念に基づいて、地元でエネルギー協同組合をつくり、地域外部からの投資で再生可能エネルギーの成果と収入を外部に流出させる代わりに、施設の近くの住民の理解と参加を得て、収益を地域に戻す活動を行い、ドイツの「エネルギー大転換」を下から支える狙いがある。

郡役場があるバード・ノイシュタット（写真7）に本部をもつアグロクラフト社は、周辺の町村でエネルギー協同組合を、各種の再生可能エネルギーのプロジェクト毎に約40作り、そのうち近くのグロスバードルフ村（人口950人）で、次のようなプロジェクトを実施している。

その第1のプロジェクトは、太陽光パネルのメガソーラーで、2005―2007年にはじめ350万ユーロを投資し、総額760万ユーロ（約11億円）になり、2MWの出力になった。市民ソーラー発電所グロスバードルフ有限合資会社をつくり、100人の参加を得た。その出資と地元の銀行資金で賄った。

第2のプロジェクトは、サッカー場の屋根に太陽光パネルを設置した。125kWで、エネルギー協同組合をつくり、38人が参加した。サッカークラブと同じように参加できるようにしたという。株とメンバーからの劣後債（一般債権者よりも債務弁済の順位が劣る社債）で賄った（49万ユーロ＝約6千万円、2009―2010年）。

写真7　バード・ノイシュタット

（撮影：吉田文和）

第3のプロジェクトは、41戸の農家の参加で共同型バイオガスプラントを設立、運営している。各農家が家畜ふん尿（30％）やトウモロコシを搬入して、メタン発酵させて、発電と熱利用を行う。発電625kW、熱利用680kWである。有限合資会社をつくり、メンバーは家畜ふん尿とトウモロコシの搬入量に応じて株を所有し、かつメンバーの劣後債購入で、370万ユーロ（約4・1億円）の投資を賄った（2011年）。液肥（液状の肥料）は各農家に還元される。バイオガスのエンジン建屋に太陽光パネル（96kWp、kWpは平均して1kWの発電を行える設備のこと、再生可能エネルギーの発電力は一定しないので、このような単位が用いられる）が据え付けられている。

第4のプロジェクトは、このバイオガスプラントの熱を利用した地域暖房システムで、121戸が参加し、エネルギー協同組合をつくり、投資金300万ユーロ（約4億円）を集めた。

これ以外にも3つのプロジェクトがあり、グロスバードルフ村の7つの「エネルギー転換プロジェクト」（2005―2012年）で、1526万ユーロ（約20億円）が地域に投資されたのである。その多くは地元住民の投資と地元の金融機関からの融資である。

これらのプロジェクトによって、電力はじつに地元の需要量の475％を供給し、熱は90％が地元で賄われるようになった。

地域価値創造（第Ⅲ部1・6・2「再生可能エネルギーによる地域価値創造」185頁参照）という点から見ると、以下の効果があったという。

・地元企業への発注（プラントや地域暖房網整備の技術と建設）で、400万ユーロ（約5億円）
・発電収入（再生可能エネルギー法）で、200万ユーロ（2・7億円）
・液肥代　40万ユーロ（約5400万円）
・地域への税収　6万ユーロ
・ガスプラントの雇用　2人
・企業の誘致など二次的経済効果　350万ユーロ（約4・7億円）

アグロクラフト社は、このほか、地域での風力発電のエネルギー協同組合をつくり、18基の風車を計画している。地元住民と自然保護団体との交渉によって、そのうち12基の建設が認められた

（２０１４年）。農民組合が中心なので、多数の土地所有者の協力が得やすいという。組合の意義は、自己決定、自己投資で、利益を地元に戻して、自分たちで使うということである。

「バイオエネルギー村」という点では、グロスバードルフよりも先行して、２０００年から準備して２００５年から稼働しているユーンデ村（ニーダーザクセン州ゲッチンゲン郡）がよく知られている。人口７５０人で農家９戸が取り組み、バイオガス（家畜ふん尿）ＣＨＰと木質バイオマスによる地域暖房システムを、「バイオエネルギー村：ユーンデ」というエネルギー協同組合が運営している。都市（ゲッチンゲン）近郊では、大学の協力があった。現在、ＥＥＧ２０１４改定に対応して、より大きな発電機（５５０ｋＷ×２基）と熱貯蔵（50㎥×２基）の追加を計画してフレキシブルな電力生産をできるようにする予定である。

同じくユーンデ村の南に位置する「バイオエネルギー村：ライフェンハウゼン」エネルギー協同組合を調査見学する機会があった（２０１４年11月）。ここも人口７００人の集落であり、多くがゲッチンゲンに通勤している。バイオガスＣＨＰ２基（個人所有、写真８）、木質バイオマスプラント１基（冬場用、組合所有）で、１００戸のメンバーに熱供給している（パイプラインは全長６ｋｍ、深さ60－80ｃｍ）。個人負担金は３５００ユーロ（約45万円）で、ＥＵからの補助金がついた。各戸は暖房代８セント／ｋＷｈを支払い、２０１３年には組合として４万５０００ユーロの利益をあげている。ここでも大学の協力を得て、プロジェクトチームをつくり、全員ボランティアで働いている。自然を守るための気持ちが大切であると強調していた。

写真8　バイオガスCHP（ライフェンハウゼン）

（撮影：山本敏夫）

1・3・2　ヴィルトポルツリート村
――再生可能エネルギー・ミックスで地域活性化

バイエルン州南部のアルプスが見える山間の海抜720―900mに人口2500人のヴィルトポルツリート村（オーバーアルゴイ郡）がある。この小規模な農村地帯にある自治体はなぜ、再生可能エネルギーのプロジェクトを始め、成功したのか。そもそも村内の約10人が再生可能エネルギーに関心を持ち、とくに熱心な農民が1990年代はじめから取り組み、「再生可能エネルギー」という市民団体をつくった。そのきっかけは、オーストリアのバイオマス施設を見学して、石炭と原子力に依存しない社会をつくろうという思いが募ったことだという。再生可能エネルギーへの取り組みは、村長の属するキリスト教民主同盟内でもはじめは少数派であったが、中央では環境相を務めたクラウス・テプファー氏などが熱心に取り組んでいた。

この村でも、1998―99年から市民参加のプロセスが始まった。村で2020年100%再生可能エネルギーを目指す計画を作成し、市民からアイデア、ビジョンを募り、バイオガス、風力、太陽光などで2010年には消費量の321%の再生可能エネルギー電力を生み出し、2013年には交通・熱・電力を含めて100%を達成した。

中心となるプロジェクトは、①バイオガスとバイオマス（木質）による地域熱供給、②太陽光発電、③風力発電、④電気自動車、⑤省エネ・建物断熱、⑥風力発電などによる水の電気分解で水素を発生させて天然ガスに混ぜる、などである（写真9、表10参照）。

バイオガスプラントは合計5つあり、大きいものは1MWで、50%のふん尿と50%の購入トウモロコシが原料である。バイオガスをパイプで村の中心まで運び、ガスエンジンで熱電併給により、100世帯、公共施設、企業（粘土乾燥用）に熱供給を行っている。ガスパイプラインは農家の負担により、熱供給ラインは村が管理し、熱代金として9万ユーロ（約1170万円）をバイオガスプラントの農家に支払っている。冬のピーク時用に、さらに木質ペレット・バイオマスボイラーが村役場の地下に設置され、追加の熱を供給している。資金はEUと連邦政府の補助金3割、家庭負担2割、4割は地元の銀行融資と市民株で賄った。

太陽光は、約200のパネルが屋根などに設置され、合計約5000kWpになるが、最近は固定買取価格の下がるなかで、自家消費が中心となり、各家庭が発電所になるという構想である。こ

写真9　ヴィルトポルツリート村のCHP

（撮影：吉田文和）

のほか、太陽熱温水器が140か所の屋根に設置されている。

村の一番大きな発電量は、7基の風力発電機である。1996年から計画されて、2000年からすべてエネルコン社製で合計7基12MWになる。300人が参加して、20年間の固定価格買取があり、12年間で減価償却する。年8％の収益が上がるという。1基約400万ユーロ（約5・2億円）の投資となる。有限合資会社をつくり、参加者は投資分のみの責任を負い、人の参加は自由である。エネルギー協同組合もあるが、一人一票制度で、多く資金を出した人と少ない人が同じ権利をもつことになるので、有限合資会社の方が運用に適しているという面がある。補助金もつくが、市民の投資が3割、他は地域の協同組合ライハイゼン銀行からの融資である。これまでは、バイエルン州は風車へ

表10　ヴィルトポルツリート村に共同で設置された再生可能エネルギー設備の例

バイオガス設備	合計で５基のコジェネシステムが稼働中 それぞれ別の農家または協同組合が運営 A　３基が稼働中 発電量6,618,700kWh、熱供給量5,391,000kWh（2013年実績） B　発電量160,000kWh（うち、30,000kWhが自家消費、残りは売電） C　発電量370,000kWh（まずは自家消費し、残りを売電）
太陽光発電	10ヶ所に合計4,983kWp それぞれの設備は公益法人などが運営し、売上の一部は若者育成などの公共の目的に利用
太陽熱設備	集熱面積2,100m^2 140ヶ所以上の屋根に設置
風力設備	７基の風車が稼働 合計年間発電量は17,570,000kWh（2013年） 風車はすべてエネルコン社製
小型水力設備	A　定格容量25kW、発電量は80,000kWh 1992年稼働開始 B　定格容量25kW、発電量は45,000kWh 1966年稼働開始
バイオマス設備	2005年に稼働開始した木質ペレットバイオマスによる地域熱供給を始め、村内で40基以上の木質バイオマスボイラーが稼働している
地域熱供給	ヴィルトポルツリート村では地域熱供給を「村暖房（Dortheizung）」と呼んでおり、2005年のバイオマス設備稼働開始後、数年おきに拡張を続けている 2009年からはバイオガス設備による熱も地域熱供給に加えられている地域熱供給網の総延長は約３km 42の建物が接続されている ・11の公共施設 ・２つの民間施設 ・29の住宅（100世帯） 総熱供給量は3,304,100kWh（2013年）

出典：ヴィルトポルツリート村ウェブサイト（2015年５月６日）をもとに、西村健佑氏作成
http://www.wildpoldsried.de/index.shtml?Energie

の規制が厳しかったが、福島原発の事故以降、規制が緩和されて、北海の洋上風力から長距離送電に頼るよりも、地元の風力発電を拡大する動きが強くなっている。バイエルン州で原発が進められたのは、もともとエネルギー自立を強めたいという狙いがあったからで、原発を2022年までに停止して、代替の電力を風力発電増強で賄う方向が出されている。実際、バイエルン州内の調査中に、高速道路や鉄道から稼働中のグラーフェンラインフェルト原発とイザール原発を目撃して、原発が事故を起こした場合の恐れを市民が日常的に感ずることが理解できた（コラム2写真、29—30頁参照）。

以上のように、ヴィルトポルツリート村の再生可能エネルギー・ミックスのプロジェクトは、熱心で信頼できるリーダーのもとで、初期の先行者利益を活かし、外部からの投資よりも内部からの投資を優先させて、資金の内部循環をはかり、再生可能エネルギーのミックスでエネルギー自立と地域活性化をもたらす取り組みとして注目に値するのである。

関連して、シーメンス社などが2014年9月から、次世代の電力網におけるエネルギー・ミックスの検討プロジェクト（IREN2）を行っている。プロジェクトでは、再生可能エネルギーによる分散型発電所やエネルギー貯蔵システム、ディーゼル発電機などを組み合わせた、技術的・経済的に最適な電力網の構成や、運用・管理のあり方を調査する。検証する電力網については、地域内マイクログリッド、独立型マイクログリッドなどを対象とし、3年間かけて検証する。ヴィルドポルツリートには、前身のプロジェクトですでにマイクログリッドを構築している。このマイクログリッドには、需要の5倍以上の容量の再生可能エネルギー発電所が導入されている。

バイエルン州北部のグロスバードルフ村と南部のヴィルトポルツリート村の共通の特徴は、地元の資源である再生可能エネルギー・ミックスとしてバイオガスや太陽光や風力を活用しながら、地元の資金で開発利用し、熱と電力の生産で地元に収益と雇用をもたらすという戦略的な取り組みの成果である。

1・4　地熱利用による地域暖房

日本で地熱利用というと、火山帯における地熱利用の発電事業が中心である。しかし、火山地帯のないドイツでも、地下数千メートルの地熱貯留層があるところでは、地熱利用による地域暖房や発電が可能である。ドイツ全体で2013年には地熱利用の地域暖房は530GWh、発電は36GWhになり、200近くの施設が操業あるいは建設中であるという（Thorsten Agemar et al. 2014, "Deep Geothermal Production in Germany," Energies 2014, 7）。全体の雇用も1万4200人にのぼるという。

たとえば、アルプスの造山運動の結果として、ドイツ南部、ミュンヘン周辺では、モラッセ盆地の地下2000mから4000mにかけて地熱貯留層の存在が確認されてきた。その地熱を利用した地域暖房が事業化されている二つの事例を紹介したい。いずれもミュンヘン近郊の自治体による地熱利用の地域暖房である。

1・4・1　AFK地熱有限会社

一つはミュンヘン空港近くの3つの自治体の共同による地熱の地域暖房である。アッシェハイム、フェルドキルヘン、キルヒハイムの3つの頭文字をとったAFK地熱有限会社の事業である。人口規模は、合計で3万人である。空港とメッセ会場に近く、ソニーやマイクロソフト社も立地している。もともとこの地域は、1970年代の石油会社による探査によって地熱貯留層が見つかっていた。ミュンヘン周辺では、12か所が掘削されて、地熱や発電事業が行われている。州の経済省から地熱利用の権利がアッシェハイムに与えられた。

自治体としては、石油やガスを外部に依存しないようにして、地元のエネルギーを地元で使うという、地域の価値創造によって環境保全を行う目的がある。地下2200mから2700mの500mの間に摂氏85度の熱水帯があり、毎秒75リットルの熱水を汲み上げて、利用後に55度になった熱水を1・8km離れたところに戻すのである。その熱水を使った地域暖房を15km範囲の2500戸の家庭に供給している。2005年から具体的な取り組みを始めて、2008年に有限会社を設立して、2008年秋には掘削を開始し、2009年秋から家庭に熱供給を開始した。投資額は掘削関係に1300万ユーロ（約18億円、アメリカ系会社）、地域暖房の55kmのパイプラインに5000万ユーロ（約70億円）などがかかり、その資金を、3自治体出資で3800万ユーロ、銀行融資から3400万ユーロ、うち連邦からの補助金が800万ユーロあった。

各家庭からみると、当初7500ユーロ（約97万円）の接続費用がかかるものの、月々100ユーロの暖房費用ですむ。事業としても毎月30万ユーロ（約4200万円）の収益を上げている。2019年までに5000―6000の建物に接続予定である。3つの自治体の協力と調整に力を注いだという。

1・4・2　ウンターハッヒングの地域暖房と発電事業

ミュンヘン郊外のもう一つの事例は、南部のウンターハッヒング市の取り組みである。先の事例との違いは、一つの自治体としての取り組みであり、地域暖房と発電の両方を行っている。取り組みの背景は、1990年代のアジェンダ21（1992年6月にブラジルのリオ・デ・ジャネイロ市で開催された地球サミット（環境と開発に関する国際連合会議）で採択された21世紀に向け持続可能な開発を実現するために各国および関係国際機関が実行すべき行動計画）のローカル・アジェンダと京都議定書目標の達成があり、地域からの持続可能な発展を目指して、キリスト教会の役割も大きかったという。当初は、発電中心（3・4MW）の計画であったが、石油・ガスの価格上昇により、熱供給に重点を移した。地下3500mから摂氏120度以上の熱水を毎秒150リットル、地下900mにあるポンプで汲み上げ、3km離れたところで、60度になった温水を戻している。汲み上げられた熱水は、熱交換器によって熱供給用と発電用に分けられる（写真10）。発電機は低

写真10　ウンターハッヒングの熱水汲み上げ装置

（撮影：吉田文和）

沸点のアンモニアを熱媒体にし、タービンを回す「カリーナ・プロセス」である（シーメンス社製）。再生可能エネルギーの固定価格買取制度により23セント／kWhで買い取られる。

２００１年に市議会で地熱利用が決定され、リスク保険にも加入した。２００２年には市を主体にした有限合資会社が設立された。２００７年から熱供給が開始されて、２００９年には発電も行われるようになった。設備投資は、本体設備に約２２００万ユーロ（約35億円）、掘削に２５００万ユーロ（約40億円）、40ｋｍのパイプラインに４５００万ユーロ（約72億円）かかり、総額1億ユーロ（約１６０億円）のプロジェクトになった。これは、この自治体年間予算の2倍の規模にあたる。とくに、ポンプの能力不足により、5年間で10回ほどポンプを交換したという。これらの資金は、20％を地元の自治体が負担し、残りは銀行からの融資（自治体の債務保証付）で、12％は州政府からの補助金である。

本プロジェクトと地域経済との関係を見ると、建設段階では地元20％、外部80％の購入であるが、操業段階では地元80％、外部20％に逆転するという。とくに、1万2000人、5500戸の家庭への熱供給によって、年間600万ユーロ（約7億円）の地元への収入があり、この部分が外部への石油・ガス代金として支払わずにすむ。熱供給価格も競争力をもつレベルに維持されている。市民の理解があるので、地熱利用への反対はないという。となりの自治体からの熱の供給を受けて、熱供給網を拡大する計画である。

以上、ミュンヘン近郊の二つの地熱利用の取り組みにおける共通の意義は、第1に、自治体を主体とした熱利用、地域暖房であり、事実上のエネルギー公営企業として機能している。第2に、エネルギー自立と地域価値創造、環境保全を目指した、下からの「エネルギー大転換」を支える事業である。第3に、地熱利用による地域暖房には、市民の理解と参加が不可欠であり、自治体間の協力と調整も大切である。第4に、地下3000m以上から熱水を汲み上げて、また再び地中に戻すパイロット事業としてまだ技術改良の余地がある。第5に、日本の火山地帯との条件の違いもあり、日本への適用可能性については、十分に比較検討する必要がある。

1・5　行政主導による再生可能エネルギー・省エネ、地域活性化

日本の北海道などはもともと「開拓」という行政主導による開発が長らく行われてきたところである。その点では、旧東ドイツ地域における行政主導の再生可能エネルギーと省エネ活動による地域活性化プログラムは参考になるところが多い。

1・5・1　バルニム郡の取り組み

ベルリン北東部に位置するブランデンブルク州バルニム郡（人口17万人）は、自然保護地域が面積の3分の1を占め、46％が森林である。そこでは、気候保護とエネルギーの対外依存度を下げながら、地域での価値創造を行い、雇用をつくりだしていくことを大きな目標として、2009年から「未来は再生可能なバルニム」プロジェクトが行われている。

「エネルギー大転換」のための転換ではなく、地域の生き残りのための戦略として位置づけられている。その計画の大きな柱は、再生可能エネルギー設備（太陽光、バイオマスなど）への投資であり、2008年以来12億ユーロ（約1800億円）を計画し、すでに4億ユーロ（約520億円）を支出した。外部からのエネルギー購入に必要な支払が1年に合計1・4億ユーロ（約180億円）に上ることを考えれば、この投資には意味があるだろう。公共施設の熱効率改善とゼロ・エミッション・ハウスの建設が進められている。例えば、新しい郡役所の建物は、地中熱を利用して

全エネルギーを賄えるパッシブ・ハウスとなっている。ドイツで一番高いエネルギー効率をもつ行政施設であるという。建物の改築は、73％が地元の事業者によるものである。

こうして、電力の74％、熱の22％が再生可能エネルギーで賄われるようになった。郡内には風力発電機118基・150MW、太陽光パネル1116基・67MW、バイオマス8基・28MWなどがある。市民ソーラー発電や断熱建物改築への低金利融資も実施している。郡都のエーベルスヴァルデ市内には再生可能エネルギーからの電力で動くトロリーバスが運行している。もちろん、市民参加と幼稚園からの環境教育プログラムも計画のなかに組み込まれている。同時に、土地所有者も参加した市民風力発電プロジェクトや学校の体育館にパネルをつける市民太陽光発電の取り組みも並行して行われている。

1・5・2　旧集団農場からエコファームへの転換

同じ郡内の、ボードイン村の「エコドルフ」は、ベルリンに近い都市近郊農業として、再生可能エネルギー利用とエコロジーを結びつけて、エコファームに取り組んでいる。もともと旧東ドイツ時代の集団農場であったが、1990年代はじめの再編成により、元土地所有者の70―80人は、1250ヘクタールの農地について、農業組合をつくるか、副業として農業を行うか、その選択を迫られたという。

この地域は自然保護地区に隣接しているために、生物多様性とバイオで特徴を出すことになった。

写真11　エコドルフでの酪農

（撮影：吉田文和）

「ビオ」を看板に、エネルギー自給と、生産から販売まで自ら行う有限会社を1992年に設立した。EUの支援プログラム（バイオ農業部門）により牛乳関係の投資の約2割の支援を受けた。バイオ農業のデメーター基準（ビオダイナミック農法の作物や製品に与えられる認証、加工・保存・包装・流通に至るまで細かい基準）により酪農経営を行い、農場は100アール当たり1頭の基準で成牛200頭（育成250頭）を飼い、エサのために500ヘクタールを確保している（写真11）。成分無調整牛乳とモッツレラチーズなどをつくり、加工と販売部門の雇用が多く、今では全体で78人が働いている。南向きの屋根には太陽光パネルをつけ、電気を賄い、果物と小麦の契約栽培も行っている。

このエコドルフの取り組みは、エネルギー協同組合としてではないが、生物多様性と自然保護地区を背景に、再生可能エネルギーも取り込んだ「ビオ」で差別化を行い、都市近郊農業として再生して、雇用を拡大し、地域を活性化させた事例である。

1・6　再生可能エネルギーと雇用、価値創造

1・6・1　再生可能エネルギーと雇用と経済

ドイツでは、再生可能エネルギーと雇用に関する研究が長年行われてきた。そのうち、環境省による最新の研究（BMU, 2012, Renewably Employed）を紹介したい。2004年から再生可能エネルギーと雇用に関する研究が始められた。最近では、再生可能エネルギー産業の合理化で、雇用の相対的な削減が進んでいる。再生可能エネルギーと地域経済との関係についても、第3回目の調査を行い、2011年を対象に全国と各州について調査した。以下に主要な知見の概要を紹介する。

ドイツでは、再生可能エネルギー関係で、2011年現在で約38万人の雇用があり、製造・操業・維持管理に従事している。2004年から2・5倍になった。2030年までに再生可能エネルギー関係の雇用は増加すると予想される。モデルを使った研究が必要であるが、不確実性が残る。短期的には2010年度比で4％増加して38万人になり、風力発電関係は2004年から60％増加した。

地域的に重要な州は、東部のザクセン・アンハルト州、ブランデンブルク州、メクレンブルク・フォアポンメルン州である。再生可能エネルギー関係の投資額は1220億ユーロ（2005年

値）から５８９７億ユーロ（２０３０年予想値）であり、再生可能エネルギー産業は、輸出依存型である（総出荷額に対する輸出の割合が50－70％）。輸出額は86億ユーロ（約１兆円、２００７年）と推定される。今後の雇用数は、２０２０年には48－60万人、２０３０年には52－64万人と予測される。ドイツは世界の再生可能エネルギー投資の12％を占める。

２０１１年の現状を見ると、投資は全体で２２９億ユーロになり、そのうち太陽光産業１５０億ユーロ（65％）、風力は29億ユーロ（12％）であり、売上は全体２４９億ユーロ、太陽光１０７億ユーロ（43％）、風力81億ユーロ（32％）である。再生可能エネルギー法（ＥＥＧ）による再生可能エネルギーへの投資と施設操業による粗雇用（gross employment, 関連産業含まず）は、全体27万人で、うち太陽光10万人、風力10万人、残りはバイオマスなどである。

地域的な影響を見ると、ドイツ東部で再生可能エネルギー産業の重要度が高く、ドイツ西部では北部の風力、南部の太陽光が大きい。まとめとして、輸出の拡大で18万人から25万人（２０３０年）の雇用拡大が見込まれる。そのためには、たえざるイノベーションが必要である。ドイツの再生可能エネルギー産業が、世界の再生可能エネルギー市場の動向と輸出に大きく依存していることが明らかとなっている。

最新の２０１３年のデータを使った研究も公表された（Forschungsvorhaben des Bundesministeriums für Wirtschaft und Energie, 2014, Beschäftigung durch erneuerbare Energien in Deutschland: Ausbau und Betrieb-heute und morgen, dritter Bericht zur Bruttobeschäftigung）。

それによれば、2013年の再生可能エネルギーへの投資総額は161億ユーロ（2兆円）で、投資のピークは2010年の256億ユーロであった。再生可能エネルギー関連の総需要（施設、輸出を含む部品、産業、維持管理）は361億ユーロ（4・6兆円）である。2013年の再生可能エネルギー関連の雇用は37万人で、うち輸出関連は11万人である。産業別では風力13・8万人、バイオマス12・6万人（うち7万人は収穫関連）、太陽光6・8万人（2012年のピーク12万人から減少）である。

経済活動全体への再生可能エネルギー産業の影響をシナリオ分析で見ると、2020年にGDPで2・6%、2030年に2・9%増加の効果があり、雇用は2030年に25万人になると予想されるが、労働市場の柔軟性にも左右されるという（Dietmar Edler, 2015, "Economic Impacts of German Energy Turnaround-Quantitative Insights, Energy Transitions around the World,"）。

1・6・2　再生可能エネルギーによる地域価値創造（エコロジー経済研究所、2010年）

ここで、エコロジー経済研究所による再生可能エネルギーによる地域価値創造の研究を紹介しておきたい。

（A）地域価値創造という視点

地域は再生可能エネルギー開発の重要な推進力である。同時に、利益の源泉になっている。通常、

表11　16種類の再生可能エネルギーの種類

①	陸上風力発電
②	風力リパワー（大型化）
③	小規模太陽光
④	大規模屋根太陽光
⑤	大規模地上太陽光
⑥	小水力
⑦	小規模バイオガス
⑧	大規模バイオガス
⑨	木質バイオ発電
⑩	小規模太陽熱
⑪	大規模太陽熱
⑫	地熱
⑬	木質熱
⑭	植物油
⑮	バイオエタノール
⑯	バイオディーゼル

出所：IÖW, 2010に基づき筆者作成

輸入したエネルギーが国内エネルギー源、技術によって代替されるからであり、地域において一連の価値創造が起き、積極的な経済的価値創造が起きる。しかしどの程度の価値を生み出すかについては、これまでほとんど知られていない。様々な再生可能エネルギーによる地域価値創造の可能性とポテンシャルの差、ギャップは一層大きくなる。小地域で100%再生可能エネルギーへの動きが出ており、この情報への要求は高い。以上を背景として、エコロジー経済研究所の研究（IÖW, 2010）では、この知識のギャップを埋めることを目標としている。

（B）地域価値創造の定義

地域価値創造は、3つの側面がある。

①税引後の企業にとっての利益

②雇用者にとっての所得

③地域への税収（営業税、所得税など）

地域価値創造は、グローバルな価値創造の一部である。この研究では、直接的な価値創造のみを扱い、間接的なものは除く（ツーリズム、太陽光のパネルなど）。ただし、①投資はプラントの生産を含み、②投資コストには計画・デザイン・設備設置が入り、③管理コストも計算する。他の付加価値は技術とプラントのサイズに依存する。

（C）研究の範囲

現状を分析して、2020年のシナリオを分析することが目的である。16の再生可能エネルギーのリストを挙げている。平均的な地域を想定して分析する。方法論的には、これまでにないものであり、データベースも欠けている。16種について、ライフサイクルで、すべての付加価値を計算、推定する。5つのタイプのモデル地域で、これらすべてを計算、推定する。各地域からの他への輸出についても、検討する。

（D）中心的な計算方法と仮定

前提条件件は、設備（kW）を基礎にした収入で、段階ごとに計算する。各々の技術のコスト構造に基づいて計算する。プラントの操業からの収入が投資コストから差し引かれる。コストにはサービス・維持管理費、部品交換などが入る。借入に対する金融コスト、管理コストもある。有限会社の場合、利潤をすべて管理する。個々の技術のサプライ・チェーンに応じて、収入構造が決められる。そして、会社の利益率を決めるが、税引き前の利益が決定的である。経験的データからこれらの利益を計算する。

雇用効果による収入の決定は、雇用の種類をグループ別に計算する。以上から地方税が計算できる。営業税、社会保障関連税、固定資産税も計算して、これらが地域の収入になる。

（E）生産から解体までの価値創造

この研究では、16種類の再生可能エネルギーについて、ライフサイクルの各段階に基づいて価値を決定する。次の４つの付加価値連鎖（バリュー・チェーン）を区別する。①投資（装置と部品の生産）、②計画、設置（土地の購入）、③管理（メンテナンス、修理、部分的にリース）、④操業会社（金融管理、純収入の決定）。

方法論ができれば、すべての段階の価値創造を算出することができる。また、特定の技術に焦点を当てたモデルができる。検討結果として、２００９年には、67・８億ユーロの、再生可能エネルギーによる価値創造がドイツであった（２０１１年には89・４億ユーロ、２０１２年には１８９億ユーロ）。そのうち太陽光が36％（24億ユーロ）、風力が30％（21億ユーロ）、バイオマスが22％（15億ユーロ）である。雇用効果は11万６０００人（２０１２年には17万７０００人）で、太陽光が39％、風力が20％で、太陽光は設備製造による雇用が多い。税収は風力１・５億ユーロ、太陽光

表12　ドイツにおける木質バイオマス設備による直接的な経済価値創造と雇用効果

設備の種類	利益（税引後）	被雇用者の純所得	自治体の税収入	経済価値創造（自治体レベル合計）	州の税収入	経済価値創造（州レベル合計）	連邦の税・賦課金収入	経済価値創造（全国合計）	雇用効果
	（単位：100万ユーロ）								（単位：人）
木材専焼熱供給発電所	179	144	39	362	47	409	137	546	4511
熱供給プラント[1]	52	145	15	212	21	233	75	307	2645
セントラルヒーティング設備[2]									
木質ペレット	15	38	4	57	7	64	30	95	1238
薪	5	16	2	23	4	27	14	41	522
木チップ	2	6	1	9	1	10	5	15	199
合計	254	349	60	663	80	743	261	1004	9115

注：1）ドイツ復興金融公庫 KfW による助成を受けた設備の数を元に算出
　　2）MAP による助成を受けた設備の数を元にしているため、数値は実際より低めに見積もられている

出典：ドイツ・再生可能エネルギー・エージェンシー「ドイツにおける木質バイオマスエネルギー現状と展望」Renews Special, 2014年2月

1・1億ユーロである。

2012年についての最新の分析によると、7万5千人のモデル自治体では、平均で1140万ユーロの粗付加価値があり、162人の雇用が生まれるという。付加価値で大きいのは、生産31％と設備の操業34％であるという（Andreasas Prahl, 2014, "Renewable Energies Imapact on Value Added and Employment in Germany"）。

関連して、チップやペレットなど木質バイオマスについては、木質バイオマスエネルギー設備の建設と運搬から直接創造される経済価値は2012年の全国合計で約10億ユーロになり、そのうち約6・6億ユーロ

が自治体レベルで発生している（表12）。木質燃料の生産からは全国合計で約１０・５億ユーロ、自治体レベルで７・５億ユーロの経済価値が創造されている。木質バイオマスエネルギーによる直接的な雇用創出は、全国合計で１万２８００人のフルタイム雇用相当数となっている。これらの数値は設備の建設や運搬、燃料生産から発生する直接効果であり、それに先行する部品生産や輸送などにおける間接的な波及効果は含まれていない（Renews Special2014/02）。

結論として、地域にとっての価値創造分析を行い、16種類の再生可能エネルギーを検討した結果、生産のみではなく、設備の操業による価値創造が大きいこと、営業税と所得税の収入、そして借地代の収入が地域にとって大きいことがわかった。地域が外部のエネルギーから独立している意義も大きい。地域の企業にとっては、所得と雇用の効果が大きい。７万５０００人人口モデルによれば、生産のみでなく、計画から保険までの範囲が大きい。地方では、風力・バイオマス・水力、都市では太陽光が中心である。太陽光の発電量は小さいが、価値額は大きい。２０２０年で、地域価値創造は１３０億ユーロと予想される。

メクレンブルク・フォアポメルン州、ノルトライン・ヴェストファーレン州、ブランデンブルク州についても、独自の調査分析が行われている。ドイツのエコロジー経済研究所の方法論を使った、日本における再生可能エネルギーによる地域経済への影響についての研究によれば、固定価格買取制度の導入以降、およそ10万人の雇用を生み出した。今後20年間で、運転・維持および事業マネージメントによって継続的に発生すると予想される地域付加価値は、累計で4・9兆円に及ぶと予想される。都道府県や自治体はその域内で再生可能エネルギーが普及することにより、地域付加価値のうちおよそ30％を追加的な地方税収として得ることが期待されるという（ラウパッハ・スミヤ・ヨーク、中山琢夫「再生可能エネルギーが日本の地域にもたらす経済効果――電源毎の産業連鎖分析を用いた試算モデル」2015年4月）。

これに対応した、日本の環境省による「環境産業の市場規模・雇用規模等についての報告書」（2013年度版）によれば、再生可能エネルギー分野である「クリーンエネルギー利用」の雇用規模はは約19・9万人であり、地球温暖化分野全体では56万人である。付加価値では、「クリーンエネルギー利用」は約9・9兆円である。固定価格買取制度の導入により拡大していることがわかる。

ただし、地球温暖化対策分野全体の市場規模では、省エネルギー分野が約12兆円、自動車の低燃費化が9兆円に対して、再生可能エネルギー分野のクリーンエネルギー利用は6兆円規模である。その内訳は、太陽光関係が約4兆円に対して、バイオマス関係は1585億円に過ぎず、風力発電に至っては161億円で、2000年からほとんど増えておらず、バイオマス関連は4000億円から大幅に減っている。ここに日本の再生可能エネルギー市場の問題点が明確に示されている（同書、39頁）。

1・7　日本の再生可能エネルギーと地域経済――北海道を中心として

1・7・1　再生可能エネルギーと地域経済の関係

再生可能エネルギーのポテンシャルの大きな地域は、都市ではなく、農村漁村など人口密度の低い過疎地である場合が多い。したがって、エネルギーを自給することは、もちろん外に所得が流出しないという意義があるものの、それだけでは十分な目標といえない。とくに高度経済成長期が終わった後、どこも人口流出や高齢化、産業衰退の悩みを抱えているので、再生可能エネルギーは、地元にある資源として、こうした問題解決に役立たなければならない。

現状では、外部から大規模事業者が地域の再生可能エネルギー事業に参入して、FITによる売電収益を上げても、その収益も生産されたエネルギーも都市へ送られ、地元に還元される利益は少ない。設備メーカーも立地していないので、雇用効果もそれほど大きいわけではない。それに対して、外部企業による事業に地元住民や自治体なども株式所有の形で参加し、生産した電気や熱を安い価格で地元に提供させるというデンマークで採用された方法もある。また地元でエネルギー関連事業を起こす方法もあり、自治体や農協、生協、森林組合などが副業として自分達の事業にリンクさせるやり方がある。地元で生産したエネルギーを一部であれ、自分たちの地域振興や生活改善に利用し、事業化することが肝要である。もちろん、地域で使いきれないエネルギーは、「地産都消」する送電網の整備も不可欠である。

地域のエネルギー資源といっても、従来は生活や産業の障害や廃棄物とされたもの、無駄に捨てられていたものも多い。外部の経験や知恵に学びつつも、地域を知り尽くした地域の自治体・企業・団体が活用のリーダーシップをとり、地元住民も参加できる資金調達の仕組みを考えることが肝要である。導入初期の技術を設備メーカーとも連携して地域に適合した技術に改良できる能力のある人材育成も必要とされる。何よりもエネルギーは生活や産業活動のための手段であるという視点から地域の将来を構想する必要がある。

1・7・2　再生可能エネルギー事業モデルと評価指標

これまでのデンマークやドイツなど諸外国の事例、および北海道での取り組みや計画をもとに多様な事業モデルが考えられる。地域外の大規模事業者の参入による事業は、資本も技術も人材もあるので、現在のところ再生可能エネルギーの主要な担い手である。ただし、発電された電力も売電代金も地域外に送られ、地域への利益還元は固定資産税程度と少ない。これを変えるには、立地計画から地元が関与し、株式保有や雇用の義務づけなど、地元への利益還元と情報公開を重視する風力発電のデンマークモデルが参考になる。

町営や第3セクターなど自治体が経営する場合で、北海道では、稚内《わっかない》市、苫前《とままえ》町、寿都《すっつ》町、せたな町などの町営（直営）と、幌延《ほろのべ》町、江差《えさし》町などの民間資本を入れた第3セクター方式がある。計画立案や補助金などの資金調達で自治体の経営手腕が問われる。基本は売電目的だが、地元に利益は残り、バイオガスのように地域の産業や生活への貢献も見られる。

地元の民間企業、農協や漁協や市民生協などが、副業として収入を得るため、あるいは自分たちで利用するために電力・熱などを生産する場合がある。デンマークやドイツでは、農地や港湾などに立地した事業者が銀行ローンなどを活用して事業を展開するが、日本ではまだ普及が遅れているので、設備補助金などが必要である。市民ファンドが市民から資金を集めて、風力発電やメガソーラー発電に投資して、発電所を運営し、利益を配分していく方式である。北海道グリーンファンドなどの取り組みがよく知られている。都市と農村をつなぐ取り組みである。

以上のような多様な事業者が、地域で展開する、再生可能エネルギー事業に対して地域の視点から評価視点を考えてみたい。地域に根差したエネルギー資源を、地域参加で開発利用していく際には、エネルギーをどう使い、地域での仕事を増やし、「生活の質」を向上させるのかという地域への利益還元の基本的な視点が大切である。以下の6つの評価視点が考えられる。

第1にエネルギー生産額とそれによる価値創造・雇用・収入など地域経済への貢献、第2に事業の資金調達や利益確保など事業経営の側面、第3に住民参加による地域生活の質向上、第4に自治体などのリーダーシップと関係者の調整、第5に温暖化対策、騒音対策、バードストライク対策など環境保全対策の実施であり、第6に透明性と情報公開である。

以上の6つの視点を、再生可能エネルギーと地域経済に関わる事業の評価視点として考えることができるが、前提条件となるのは、「住民参加」と「透明性」である。

表13　北海道の再生可能エネルギーポテンシャル

振興局	年平均日射量（kWh/m²・day）	年間平均風速（m/s）	中小水力発電（GWh）	地熱発電（GWh）	バイオガス(畜産廃棄物）（TJ）	バイオガス(汚泥･食品残渣）（TJ）	木質系バイオマス（TJ）
空知	3.61	3.03	590	482	191	90	7918
石狩	3.72	3.67	355	4629	270	802	3773
後志	3.44	3.66	619	1007	195	76	2478
胆振	3.78	2.93	244	901	380	132	3916
日高	3.77	3.06	1784	931	175	21	1485
渡島	3.57	3.57	365	1644	445	122	2694
檜山	3.35	4.14	273	494	74	10	1630
上川	3.52	2.18	1712	59480	641	157	9157
留萌	3.45	3.67	48	431	138	15	1628
宗谷	3.51	3.85	4	287	477	31	2966
オホーツク	3.85	2.34	200	25836	1274	109	12102
十勝	4.07	1.93	2198	43554	2275	115	10871
釧路	3.97	2.95	182	18008	927	93	6297
根室	3.85	2.76	32	18921	1182	34	1736
全道計	–	–	8606	176605	8644	1807	68651

注：緑の分権改革推進会議（H23.3）「再生可能エネルギー資源等の賦存量等の調査についての統一的なガイドライン」などをもとに道経済部が作成した新エネルギー賦存量推計ソフトを用いて試算。「太陽光：平均日射量」は、管内市町村ごとの日射量の加重平均値、「風力喝電」は地上80mで風速5.5m/s以上となるエリアに一定間隔で発電機を設置した場合に得られる発電量（年間平均風速は、管内市町村ごとの加重平均値）、「中小主力発電」は、河川・農業用水・上下水道による発電量合計値、「バイオマス」はそれぞれの発生量に基づく熱量。

出典：北海道「新エネルギー導入拡大に向けた基本方向について」2014年6月20日

1・7・3　豊富で多様な北海道のポテンシャル

環境省調査（環境省、2011）による再生可能エネルギーの地域別導入ポテンシャルでは、北海道は発電容量で5億6400万kWと、日本全体の4分の1を占める。特に風力は陸上、洋上で、日本の各々2分の1と4分の

1を占める。

北海道の再生可能エネルギーのポテンシャルを詳しく見ると、道内の風力発電可能地（陸上風速15・5m／秒以上）すべてに発電機を設置した場合の年間発電量は、風力発電のポテンシャルの1割を利用しただけでも、道内電力消費量のほぼ全量を賄うことができる。

さらに詳しく北海道の地域毎の再生可能エネルギーについて分野別ポテンシャルを見ると、風力発電では檜山《ひやま》、宗谷《そうや》、留萌《るもい》が高く、年間平均風速で見ると、石狩《いしかり》、後志《しりべし》、渡島《おしま》、にも適地（3・5m／秒以上）が多い。太陽光では平均日射量が多い（3・77―4・07kWh／㎡）、胆振《いぶり》、日高《ひだか》、オホーツク、十勝《とかち》、釧路《くしろ》、根室《ねむろ》のポテンシャルが高い。バイオマスでは、オホーツク（木質、畜産）、十勝（同前）、上川（木質）、釧路（木質、畜産）、空知《そらち》（木質）、石狩（食品残渣）の資源量が多い（表13参照）。こうして見ると、北海道における再生可能エネルギーは豊富であるだけでなく、じつに多様であり、地域により利用可能なエネルギーも異なる。

1・7・4　太陽光発電――浜中農協のメガソーラー

地域での太陽光発電の取り組みとして注目されるのは、道東の浜中農協である。浜中農協独自の品質検査システム確立により、ハーゲンダッツアイスクリーム用に高品質の原料乳を提供している。環境保全型酪農は、浜中農協の柱であり、植林やバイオガス活用などに取り組むことで、森林伐採や家畜ふん尿による汚染、農業機械の化石燃料消費によるCO_2排出など環境破壊につながる酪農の現状を変えようとしている。そうした取り組みの一環として、２０１０年度までの補助金制度を使い、１０５戸の農家・関連施設に各々10ｋＷの京セラ製の太陽光発電設備を設置し、全体としてメガソーラーとなった。２０１１年度の成果として、50％の自家消費と50％の売電実績に加えて、各戸の省エネ（平均15％節電）が進んだ。年間の出力変動は小さく、地域特有の霧の影響も少ない。ＦＩＴ実施前の２０１０年度からの買取価格24円／ｋＷｈでも、補助金を差し引いた投資は６—７年で回収できる見込みである。農家１戸当たり年間20万円程度の電気代節約となる。農家の経営支援だけでなく、「世界初のメガソーラー設備による自然エネルギー酪農」として、牛乳のよりいっそうのブランド力向上をめざしている。

ところで、浜中町や後に紹介する別海町のある道東方面は、地震・津波の多いところであり、過去にあった地震・津波・火山などの跡を津波堆積物の調査によって明らかにすることができる。沿岸低地の地層に残されている砂層で、自然が残した過去の巨大な津波の記録である。「根室市歴史と自然の資料館」には、津波堆積物剥ぎ取りの調査資料（ガッカラ浜）があり、北海道の太平洋沿岸では、陸地を浸水させるほどの巨大津波がおおむね３００—４００年の周期で何度も襲っていたことが明らかになっている。さらに摩周、樽前、駒ヶ岳などの火山灰の跡も約千年周期で確認されている。このように、日本列島は３００—４００年周期の大規模な地震・津波、千年周期の大規模な火山に襲われていることを肝に銘ずる必要がある。

1・7・5　畜産系バイオガスと林業系バイオマス

畜産系バイオガスとは、家畜ふん尿を主原料に、飼料残渣や食品加工の残渣など有機系廃棄物を加えて発酵させ、発生させたメタンガスである。このガスを熱電併給設備の燃料とすることで、電気と熱を生産できる。また林業系バイオマスとは、林業で発生する間伐材や製材工場の木屑・廃材などであり、同じく熱電併給設備の燃料とすることで、電気と熱を生産することができる。いずれも農林業の資源循環の一部として、無尽蔵に入手できる資源ではないものの、原料さえ確保できれば、天候などに左右されず安定的にエネルギーを供給できる。また場合によっては、ガスや木質チップとして貯蔵して、必要に応じてエネルギーを供給することもできる。これらの点で、同じ再生可能エネルギーの風力や太陽光とは異なる特性を持ち、それらを補完する役割が期待される。現に畜産業の盛んなデンマークやドイツでは畜産系バイオガスが、林業の盛んなオーストリアでは林業系バイオマスが、再生可能エネルギーの重要な柱になっている。

十勝鹿追町の集合型バイオガスプラント

人口5600人の十勝の鹿追《しかおい》町では2万9000頭の乳牛・肉牛が飼育され、その家畜ふん尿をすべてバイオガスプラントで処理すると、同町の全電力消費をカバーする電力が生産できる。また酪農・畜産と畑作がほぼ半々とバランスがとれているので、プラントで生産される液肥（液状の肥料）も町内で十分消費できる。鹿追町環境保全センターのバイオガスプラントは、同町の家畜ふん尿発生量の約10分の１に当たる酪農11戸の乳牛ふん尿を処理し、発生するバイオガスから熱電併給ＣＨＰ発電機２基（１０８ｋＷと２００ｋＷ）で電気と熱を生産する。日本初の最大級の集中型バイオガスプラントとして、２００７年以来順調な操業を続けている。プラント建設の始まりは、市街地周辺の酪農家が散布する堆肥の悪臭問題と地下水汚染問題であり、市街地住民からの苦情で離農を決意する酪農家もいた。同町の然別湖《しかりべつこ》を訪れる観光客も多い。問題解決には市街地周辺の全酪農家の参加が必要なため、町が集中型バイオガスプラントを提案した。プラント建設には、農家はもとより多岐にわたる関係者の合意形成に基づく協力と役割分担が重要であった。町は、資金調達では国・道の補助金をベースに地元金融機関の協力を得て、また事前調査や仕様設計の段階からプラントメーカーと緊密に連携して、計画の推進役となった。これらに加えて、当プラントが運転継続に成功した要因に、施設管理者がプラントメーカーの協力も得て、運転による各種トラブルのリスクを見きわめ、あらかじめ解決策を準備し、また運転の知識と経験の蓄積など能力構築に努めたことも挙げられる。

財政面では、プラント建設費と原料収集運搬車など付帯設備を併せて総事業費約10億円の90％以上が国と道の農業関連の補助金、残りが町の負担である。２０１２年までの運営収支を見ると、収入の８割以上が廃棄物処理とそのリサイクルの液肥販売代金である。支出では設備の修繕関連が半分を占める。

そのほかに車両運転手の人件費と燃料代は集合型プラントでは必要不可欠な支出である。これまでの利益は収入の1割程度と僅かだったが、２０１３年度からＦＩＴ認定施設となり、売電代金が増加するので、大幅な増益となる見通しである。ただし、この利益を積み立てても、農業補助金なしには将来のプラント再建設は難しい。その原因は第1に、プラント設備と専用車両の多くがヨーロッパからの輸入品で高価なことである。第2に、バイオガス発電機は電気とともに熱も生産されるのに、一部が自家消費されるだけで、熱は収入になっていない。デンマークの同じタイプの施設では、電力と熱の販売代金はほぼ等しい。バイオガスプラントによる電力と熱の生産は高コストなので、ともに無駄なく活用することが重要であり、とくに熱の有効利用は日本のバイオガスプラント普及の今後の鍵を握る。最後に、バイオガスプラントの効用には、悪臭防止や畑作農家向けの良質の有機肥料の提供、町のCO_2排出抑制など、運営収支には示されないものの、地域の農業と環境を守るという大きな公益的機能がある。その点で、バイオガスプラントへの農業補助金の投入は、農業地域の活性化という点から意義のある政策であるといえる（吉田文和他「バイオガスプラントの環境経済学的評価――北海道鹿追町を事例として」『廃棄物資源循環学会論文誌』第25巻、２０１４年）。

日本最大のバイオガスプラント

北海道東部の別海町は、香川県に匹敵する面積をもち、６５００戸、人口1万５５００人で、10万頭の乳牛を飼育する日本最大の酪農地帯である。長年の懸案であった家畜ふん尿の適正処理は、

写真12　別海町の再生敷きわら

（撮影：吉田文和）

河川海域の保全、悪臭の低減、CO_2削減のうえから、地域環境保全上、避けて通れない課題である。

この別海町で、７１３戸の酪農家のうち、約３分の１の２４６戸を対象にして、93戸と契約を結び、家畜ふん尿を原料としたバイオガス発電と固形堆肥の再生利用を目的とした別海バイオガス発電のプラントが２０１５年７月から稼働開始している。

資本金４・３億円は、プラントメーカーの三井造船会社が70％、別海町が15％、農協（中春別、道東あさひ）が15％出資した。設備投資は24億円に上る（補助金7億円、その他銀行融資）。93戸の農家と契約し、各農家の平均３か月分のふん尿を回収し、日量２８０トンを処理し、バイオガス発電を行う（ドイツ製、６００ｋＷ×３基、高温発酵、ＣＡＴ管理、年間９８

５５ＭＷ予定）。同時に、小規模堆肥スラリー農家を組織して（１００頭以下が7割）、各農家から固形堆肥を回収して（スラリー２割、固形堆肥８割）、再生敷きわらとするところが、この施設の特色である（写真12）。ガス発酵後の消化液は、液肥として各農家に販売する。バイオガス発電は、ＦＩＴにより43・74円／ｋＷｈで20年間買取られる。この収入が89％を占める。熱は場内利用され、地域暖房には使われない。

各農家から見ると、１トン２００円でふん尿が買い取られ、ふん尿処理と固形堆肥処理を任せることができる。液肥は1トン１００円で購入する。ふん尿と液肥の運搬費は各農家の負担である。農協のコントラクター事業を使うこともできる。各農家にとっての利益は、肥料削減効果、労務費削減、敷料購入費削減、リスク削減の効果である。

別海町としては、CO_2削減効果を狙い、「電力の自給化」を目指し（このプラントがフル稼働すると、町の全世帯の40％の電力を賄える）、地域経済の活性化、地元事業者の活用、雇用拡大、環境改善、農家負担の軽減を目的としている。

課題としては、酪農規模拡大の限界の問題がある。海外からの飼料購入とＴＰＰ圧力のなかで、規模拡大によるコスト削減効果には限界があり、１００アール当たり2頭（デメーター基準では1頭）を超える乳牛頭数は、環境負荷を高めることとなる。環境負荷削減としてのバイオガスプラントは、対症療法的な対応という限界がある。根本にさかのぼった対応が必要である。

またドイツと比べた場合、熱利用のＣＨＰ（熱電併給）の遅れ、プラントの輸入と維持管理体制の課題も残っている。

林業系バイオマス

長く続く国内林業不振のため、森林に恵まれた北海道でも、林業系バイオマスの活用事例は少ない。オホーツク海沿岸の北見市から内陸へ峠を越えた山間の津別町は林業の町である。人口5200人の同町に立地する津別単板協同組合と（株）丸玉産業の隣接した工場で300人が雇用され、合板に不向きとされた道産トドマツとカラマツを単板から更に合板に加工して出荷する。周辺100km 圏内から原料となるマツ材を収集し、加工すると4割が廃材となる。その廃材処理を兼ねて、大型ボイラー（容量70トン）と熱電併給設備4700kW（21億円、設備補助率25％）を導入し、熱と電力を自家消費することで、重油3万キロリットルの節約となった。設備の発電余力400kW分の電力を北海道電力に販売しているが、これは津別町の大半の世帯の消費電力に相当する。また熱は単板製造工程に通年で必要な蒸気や木材乾燥に利用されるが、容量70トンのボイラーの20トン分は未利用である。これを地域暖房に利用することもできるが、それには追加の木質バイオマス燃料と暖房用パイプラインなどの専用設備が必要だという。処理に困る廃棄物をエネルギー資源に変えることで、地域の雇用を支え、エネルギー自給を実現できることを示す貴重な成功事例である。

また道北の下川町は人口3500人で、森林面積が町の88％を占める林業地域である。町と森林組合の連携により、持続可能な循環型森林経営をめざし国有林から払い下げた町有林経営をもとに、安定的な経済基盤と雇用の確保を目指す。その一環として森林資源（間伐材など）の総合的利用と結びつけて木質バイオマスエネルギー利用を行っている。林地残材や河川支障木、エネルギー資源作物として栽培したヤナギなどを木質チップに加工し、製材所の集成材端材などとともにバイオマスボイラーの燃料として、町役場と周辺の公共施設に地域暖房を実施している。また高齢化対応エリアとして開発された一の橋地区（人口150人）の集合住宅には木質バイオマス熱供給施設を導入した。今後さらにこうした取り組みを拡大し、小規模分散型バイオマスエネルギーの活用により2018年度までに町のエネルギー自給率100％達成を目標とする。地域へのエネルギー安定供給とともに、エネルギー購入費の町外流出を防ぐ地域内経済循環強化が目的とされる。町の域内総生産は年間215億円であり、一方、電力と熱源で約12億7000万円が域外流出している。今後、発電ができれば域内総生産を28億円増やし、100人の雇用を生むと計算している。これは現在の日本のどの地域にとっても重要な課題である。具体的な計画としては、小学校や中学校周辺でのバイオガスボイラー導入による地域熱供給システム整備や民間製材工場への熱電併給システム導入が検討されている。計画実現にはよりいっそうの住民参加が必要とされるであろう。役場を中心とする半径1ｋｍ圏内に8割の世帯が住む下川町は、地域熱暖房普及の条件に恵まれており、この分野でパイオニアの役割を果たすことが期待される。

1・7・6　洞爺湖温泉の地熱利用

日本に豊富にある地熱利用でよく問題となるのが、温泉利用との競合である。北海道でこの問題に先駆的に取り組んでいるのが、洞爺湖《とうやこ》温泉利用組合である。約100年の歴史をもつ洞爺湖温泉では、もともと各ホテルや旅館ごとに温泉掘削、温泉供給を行ってきたものの、源泉の枯渇や温度低下が問題となり、コストもかかるため、各企業間で連携して温泉供給の管理と温泉資源の保護に取り組むことになった。約50年前の1960年に、洞爺湖温泉利用協同組合ができ、現在まで洞爺湖温泉全体の温泉供給と供給施設管理を行っている。

温泉井戸は12本あり、深さ60―150メートルから汲み上げられている。これらがすべて貯湯槽へと集められて、温泉街に配湯されている。熱源水配管システムだけでなく、温泉排水も回収されて、ヒートポンプにより熱を回収するシステムも作られて、省エネ30％を実現している。

また、この地域は火山性の温泉であり（爆裂火口群）、有珠山《うすざん》四十三《よそみ》山地域の地熱温度の低下がみられるために、その対策が課題となってきた。そこで、2013年に、石油・天然ガス・金属鉱物資源機構（JOGMEC）の助成交付事業として金毘羅《こんぴら》地区において、1428メートルの高深度調査井掘削を行い、その結果、地熱発電可能な地熱水の温度が100度、湧水量も毎分500リットルと予想以上の成果を上げた。制度上、温泉開発には補助金が付かないが、地熱開発には補助金がつく。

発電設備を設置するために、地熱水の季節変動、湯の変動、恒久的に利用可能かどうか、また付近の温泉への影響を調査している。その結果を踏まえて、発電設備（50ｋＷ）を選定する予定である。ＦＩＴ（固定価格買取制度、40円／ｋＷｈ）による地熱発電のみでなく、地域での熱利用として、地熱水の温泉水２次利用、観光素材のジオたまごの開発も行っている。地元でのノウハウの蓄積（スケール付着物対策）と技術開発（水中ポンプの交換）、人材育成を同時に行っている点も重要である。

以上のように、長年かけてつくられてきた温泉利用システムは、地域資源の協同利用、すなわちローカル・コモンズ（local commons）の持続可能な利用（sustainable use）の模範となり、地熱の有効利用の基礎となっている。

1・7・7　まとめ

本節は、ＦＩＴ施行前後におよぶ北海道における調査をもとに、地域経済の視点から、再生可能エネルギー利用拡大の条件を考察してきた。再生可能エネルギー利用の取り組みがすでに15年以上になる先進地北海道の経験から、第１に国の主導のもとでＦＩＴを含めた制度枠組み条件の整備、その前提となるエネルギー政策における位置づけと見通し、導入拡大の数値目標が重要である。またＦＩＴ施行後の現状を見ると、その運用条件改善が課題となる。再生可能エネルギーの分野別に地域資源としてバランスのとれた利用をはかるため、買取価格と期間の弾力的運用だけでなく、優先接続の原則を実現する送電線拡充などのインフラ整備、発送電分離の実施が急がれる。こうした国内での再生可能エネルギー拡大策と連携して、関連設備製品や新たな電力システム運用に必要な蓄電池などの製品で、国際競争力ある製造業育成も望まれる。さらに電力のみが対象のFITからエネルギーの総合利用へと拡大し、地域暖房や熱電併給の計画普及をはかる必要がある。

ただし以上のような国主導の施策は、あくまで地域の自治体・企業・住民の自主的な取り組みを支えるものである。地域で話し合い、地域の資金を集めて事業を進める仕組みづくりが求められる。ここで札幌農学校2期生・内村鑑三の講話「デンマルク国の話」（1911年、内村鑑三『後世への最大遺物・デンマルク国の話　改版』岩波文庫2011年所収）にふれたい。今や再生可能エネルギーと福祉の先進国デンマークも、内村によれば、プロイセンとの戦争で負け領土の一部を失う時代もあったが、人の教育と植林や農業振興など国土の再開発で危機を乗り越えた。そこで、みんなで議論し決定する、民主主義の伝統も培われた。また内村は、太陽光や風力などの再生可能エネルギーに言及し、足元から資源を探すことを提言した。これに学べば、「危機」はチャンスであり、電力危機をきっかけに省エネと再生可能エネルギーで地域再生に活かす道を下からつくり上げていくことが日本の未来を切り開く可能性を生むのである。

ＦＩＴ制度が始まって以来、北海道でも太陽光の認定が進み、とくにメガソーラー（1000kW以上）の道内割合が全国の27・5％を占めた（2014年末）。そのうち1000kWから999kWクラスは55％が道外法人等であり、10MW以上の超大型では80％が道外法人等である。地域の再生可能エネルギーの価値を地域に還元していくためには、まとまって安い土地があるという「用地提供」に終わることなく、建設工事や事業計画に地元が参画することが不可欠である。また、送配電網への接続を確保していくことも合わせて重要である。

1・8　むすび

ドイツでも再生可能エネルギー利用と省エネが、脱原発の柱であり、それを実現していくにあたり、北海の洋上風力発電やサハラ砂漠の太陽光発電のような巨大な集中型の発電と長距離送電によるエネルギー・システムによるのか、あるいは地域分散型の熱と電力システムかの二つの方向性がある。前者の国家的プロジェクトが予定通り進んでいない現状では、後者の地域分散型の熱と電力システムの果たす役割が益々重要になってきている。

それは、少子高齢化のなかで人口減少に悩む地域の持続可能性と多様性を維持していくうえでも、大変重要な役割を果たし、地域の資金を地域で循環させ、地域経済の活性化と雇用に繋がることが、この間のドイツ各地の取り組みで明らかになってきたのである。

ドイツは、もともと全国各地に農村が分散しており、かつ戦後の連邦制度によって、地方自治制度が強化されたという政治経済的な背景の違いはあるにしても、日本と同じく少子高齢化と成熟化社会という共通の課題を抱えている。原子力への依存を減らして、再生可能エネルギー利用を拡大して、分散型エネルギー供給でリスクを減らし、安全・安心のエネルギー・システムを実際に構築していく取り組みを行ううえで、日本が参考にすべきことは多々あるのである。とくに、ドイツはエネルギー協同組合や有限合資会社など、市民による資金を集める制度が充実しており、日本でもまた、そのような資金をあつめプロジェクトを運営する仕組みが大変重要になっている。

また、ドイツの地域エネルギー政策は、地域経済政策とリンクされ、これまで地域が域外から石油などのエネルギーを購入し、資金を域外へ流出させてきたパターンを変えて、省エネ設備投資や再生可能エネルギーの地産地消あるいは「地産都消」を行い、資金とエネルギーの流れを変える取り組みである。日本がドイツに学ぶべきは、地域エネルギー政策と地域経済政策をリンクさせて、省エネ設備（省エネリフォームなど、地元の工務店収益に）や再生可能エネルギーの地産地消（熱利用などは、地域資源を活用して、地域の事業者の収益に）、さらに融資制度の充実、人材の育成、地域計画を作ることが求められており、すでに日本でも長野県の環境エネルギー戦略などで、具体化が図られている。今後、こうした取り組みが全国レベルでも普及することが強く望まれる。これなくしては、地域の人口減少と地域経済の衰退を防ぐことはできない。

《本節は、吉田文和・荒井眞一・佐野郁夫編著『持続可能な未来のためにⅡ』北海道大学出版会所収、第4章吉田文和・吉田晴代「再生可能エネルギーと地域経済」2014年を改訂したものである》

■コラム7■　少子高齢化とドイツ

少子高齢化は、日独社会の共通の悩みである。合計特殊出生率がドイツと日本はともに1・4であるという（2012年）。ドイツがすでに高度経済成長期に労働力不足のために、移民政策を進めてきたところは、日本と異なる。しかし、ヨーロッパのなかで、隣国のフランスやデンマークと比べて、街を歩いても子どもや子どもづれの家族が非常に少ないことに気付く。母親の高齢化も目に付く。これは、ドイツ社会が古い家族形態や家族観に囚われていて、女性が家で子どもを育てるという伝統的スタイルが残り、この点が北欧諸国やフランスと異なり、逆に日本に似ているという指摘が多い。ドイツは高齢化対策のみならず、少子化対策にも力を入れ、最近、従来の「育児手当」から新たな支援制度「親手当」を導入した。これにより、原則的には産休前の所得の67％が産後1年間補償される。とくに高学歴収入の女性の出産育児を促すねらいがあるという。パートナーが休職または時短勤務する場合は2か月間受給期間が延長される。しかし、まだその効果はあらわれていない。その理由は、託児・育児インフラが充実しておらず、合計特殊出生率1・7以上の北欧などとの大きな違いである。この点では、日本も同様の課題を抱えている。「女性の活躍」支援を行ううえで、諸手当とともに託児制度の充実が欠かせない。（齋藤純子「ドイツの育児手当と新しい家族政策」『レファレンス』2010年9月号、吉田恵子「ドイツの少子化対策」『ニュースを追跡』2007年2月14日）。また、自宅で子どもを育てる保護者への支援策とされた「在宅育児手当」について、ドイツの憲法裁判所が2015年7月に違憲判決を出した。ドイツ国内は手当の必要性を訴える保守層と女性の自立を重視する地域との対立が浮き彫りになった。国を二分する議論の末に導入された在宅育児手当の廃止は、理想の家庭像や女性の社会進出のあり方が、ドイツでも大きく異なることを浮き彫りにした（『毎日新聞』2015年8月3日付）。

他方で、高齢化問題の深刻化も、日独共通の課題である。2014年10月29日にベルリンで開催された、ベルリン市と東京都のシンポジウム「スマートシティ創出につながる都市開発」でも議論となった。人口350万人の首都ベルリンは、この3年間で約13万人増えたが、一人世帯が多くなっている。平均年齢42歳が2030年には44歳に上昇し、高齢化率は30％になるという。健康管理、独居老人対策、見守り対策にセンサーを使うスマートシティなどが議論されたが、重要なことは、「スマートは技術の問題ではなく」、「私たちがどのように生きたいか」という問題などであるというベルリン市長の発言は重要である。ドイツの老人は、できるだけ自立して、他の人の助けを受けずに、生活しようという姿勢が強く、自立支援の政策により街のなかを、杖をつき、車椅子を使って移動する老人も多い。

第2章 風力発電と地域活性化

2・1　はじめに――なぜ、風力発電をとりあげるか？

数ある再生可能エネルギーのなかで、風力発電は現在のところ、世界で最も普及が進んでおり、例えばドイツでは再生可能電力中の34％、全電力中の8・9％を占める（2014年現在）。コストは太陽光発電より安く、ベース電源になりうる技術的実績と経験が蓄積されてきた。また、地域関係者（市民、農民、企業家）の投資、自治体の関与、雇用や税収、地代などを通じて、地域経済への波及効果には大きなものがある。

ただし、風力発電にはある程度強い安定した風が必要なので、どこでも立地できるわけではなく、また風力の変動に対応するために、広域での電力融通や他の再生可能エネルギーおよび熱電併給など調整電源との連携を可能にする送電線整備や電力網のスマート化が不可欠である。そのための投資と雇用など波及効果もまた大きい。

そこで本章は、ドイツと日本の風力発電の先進事例の調査をもとに、地域経済との関係について、次に掲げる視点から分析し、その成果と課題を明らかにしたい。

２・２　分析視点

風力発電について、再生可能エネルギーと地域経済との関係という視点から分析する方法論として、吉田文和『循環型社会』（中央公論新書、２００４年）の方法論を応用して、①地域エネルギー資源としての特性、②制度枠組み条件・参画者、③経済条件、の３つの視点を考える。

風力発電には厳しい立地制約がある。年間平均風速５―６ｍ／秒以上の強い安定した風が吹く、畑や牧場のような広い土地が必要とされる。急傾斜地よりなだらかで平坦な土地が良いとされる。こうした条件が満たされれば、風力資源に恵まれた土地と言える。さらに風力発電所は電力消費地と離れている場合が多いので、送電施設が不可欠となる。また、環境対策として、居住地域との距離をとることで、環境アセスメントなどにより、騒音や低周波公害を防ぎ、野鳥などの衝突を避ける必要がある。そのためにも、地元自治体や住民がリーダーシップをとって、事前の立地調査、情報公開、関係者の合意形成、ゾーニング（立地可能地点の指定）などを実施することが重要である。

風力発電の普及には、発電事業者に対して、電力網への優先接続と買取を保証する固定価格買取制度（ＦＩＴ）などの制度枠組みが不可欠である。さらに、国や地方自治体による設備補助制度も重要な役割を担ってきた。ドイツにおける制度枠組み条件として、電力会社に再生可能エネルギー電力引取を義務づけ買取価格を定めた１９９１年の電力供給法、２０００年の再生可能エネルギー法（ＥＥＧ）、日本では、電気事業者による一定割合の再生可能エネルギー電力の買取を義務づけた２００２年の電気事業者による新エネルギー等の利用に関する特別措置法（ＲＰＳ法）、日本のＦＩＴ制度とされる２０１２年の固定価格買取法（電気事業者による再生可能エネルギー電気の調達に関する特別措置法）がある。こうした風力発電事業を促進する制度以外に、両国とも国による送電線などインフラ整備事業への補助が重要な枠組み条件である。

地域による風力発電の参画者として、まず風力発電の適地、どこでどんな風が吹くかを知り尽くしているのは、地元住民である場合が多い。しかし発電事業を始めるには、事業主体と資金提供者（地元住民、農民、自治体、企業等）、それに専門知識をもつ人材が必要となる。風車メーカーや建築業者の選定、送電網をもつ電力会社や地元金融機関などとの交渉も重要である。

経済的条件としては、風力発電事業を事業として成り立たせるために、投資と収益性、融資（資金調達）、施設の運用と維持管理が重要である。地域経済への効果として、税収、地代、雇用効果、CO_2排出削減効果、地元資金の流出防止効果などが分析されなければならない。

風力発電の適地は都市ではなく、農村漁村など人口密度の低い過疎地である場合が多い。したがって、エネルギーを自給することは、地域外に所得が流出しないという意義があるものの、それだ

表14　地域風力発電プロジェクトのフローチャート

第1段階：風力発電の計画立案

・立地場所の評価
・用地確保
・立地分析と計画立案
・電力網接続のための計画立案
・実現可能性調査
・メーカー選定
・環境保護法に対する許可

第2段階：資金調達

・約20％は株式（市民）
・約80％は借入資金（銀行）
（各販売期に株券発行）

第3段階：プロジェクト実施

・建設の工程表
・土地（用地を含む）所有者との調整
・保証書の完成

第4段階：施設管理

・技術的管理
・事業経営

・住民はあらゆる段階において事業の設計と組織に関与する
・業務は住民により処理または共有可能

出典：BWE, Community Wind Power, 2012, p.11

けでは十分な目標といえない。特に高度経済成長期が終わった後、どこも人口流出や高齢化、産業衰退の悩みを抱えているので、再生可能エネルギーは、地域にある資源として、地元の産業を支え、住民の「生活の質」向上にも役立たなければならない。

2・3　ドイツの風力発電と地域の取り組み

2・3・1　ニーダーザクセン州東フリジア地方の取り組み

エムス川対岸はオランダであり、北海を臨む面積3144k㎡の東フリジア地方に46万人が住む。海岸部では平均6m／秒の風が吹き、製粉や低湿地の排水に風車の利用が石炭火力発電所と交替するまで続いた。同時に、干潮時には広大な干潟となる生物多様性に富む遠浅の海岸は、ユネスコ世界遺産のワッテン海の一部であり、夏は心地よい海風の吹くドイツ有数のリゾートである。

この地方の風力発電の発展を支えた制度枠組み条件として、1980年代末からの州政府による再生可能エネルギー事業への建設補助金、1991年の連邦電力供給法、連邦政府による小規模風力発電事業への補助、2000年の再生可能エネルギー法がある。これらの制度的支援が農民や市民による風力発電事業に見通しを与え、地元金融機関からの融資も利用可能にした。隣国デンマークの再生可能エネルギーの取り組みに学ぶ機会にも恵まれた。

風力発電事業の最初の担い手は、緑の党など再生可能エネルギーに関心を持つ地元の市民活動家グループであった。原子力発電所と石炭火力発電所新設を禁止したデンマークの取り組みを視察後の１９８９年頃から、最初は個人が自分の農場に１―２基の小さな風車を建て、やがて地元住民の出資で会社を設立して農地を借り、出力数百ｋＷの風車10数基を所有する市民発電所もできた。彼らは、地元のメーカーを育てれば風車の保守や修繕も容易になると考え、当時数ある風車メーカーの中で地元企業のエネルコン製を積極的に採用し、地域電力会社や自治体にも勧めた。

１９９１年の電力供給法以降に登場したのは、農民が自分達の農地に個人やグループで設立した会社で経営する農民風力発電所である。この地方の農業は低湿地の酪農中心で農家の所得も少なかった。風力発電が有利な副業になると、エネルコンと地元自治体の熱心な職員が農民に働きかけた。

地域自治体が主体の電力会社ＥＷＥ（Ems, Weser, Elbe 地域）は早くも１９８０年代末に、風況の良い海岸堤防近くの農地に、緑の党村議の勧めでエネルコン製風車10基総出力３ＭＷの発電所を開設した。併設した風力発電情報センターでは発電データ収集に加え、関心を持つ国内外の訪問者に対して、発電の仕組みから騒音や野鳥の衝突まで様々な疑問に答えた。また風力発電による電力受電のための変電・送電施設の拡充、エネルコンの新型風車の試験協力など初期の風力発電事業で推進役を果たした。

この風力発電ブームを追い風に、地元技術者が起した風車メーカーのエネルコンは、顧客である市民・農民の売電事業者とのフィードバックの経験をもとに世界的メーカーへ成長する基礎を築いた。技術的には維持管理が容易で故障も騒音も少なく、受け入れる電力網への負担も少ないと定評のある、変速機のないギヤレス風車開発に1990年代前半に成功した。同時に顧客の風力発電事業者に安定した収入を保証する包括的保守・修理のシステムを確立した。今や陸上風力発電のドイツ国内市場で5割以上と圧倒的なシェアを占める。

海岸近くの農村中心の市民・農民風車に対し、都市で事業を始めたのがエムデン市公社（Emden Stadtwerke）である。エムス河口に近い港湾都市エムデンは人口5万でこの地方の中核都市であり、市公社は電力・水・ガスを供給する。緑の党市議の市長への働きかけから、1993年にエムデン港西側のフォルクスワーゲン工場の敷地にエネルコン製など出力500kWの風車10基で発電所を建設した。地元商工会議所から「景観を損ねる」と抗議され、事業自体も2000年の再生可能エネルギー法以前は毎年約3500万円の赤字だった。それでも事業を継続し、現在世界最大の高さ135m、出力4・5MWのエネルコン最新の風車も所有し、市の電力消費の約53%を賄う。

1990年代後半、風車が巨大化し、発電所も大規模化すると、多額の投資を要するため、事業の担い手も市民・農民から企業へと移行した。市公社の発電所から河口に至る広大な干拓地がある。そこに出力1・5―2MWのエネルコン製風車20基を建設するという1996年公表の巨大市民風力発電所計画は、農民と市公社の元技術者の発案によるが、エネルコンなど地元大手企業にも出資要請した。計画には自然保護団体や市民の異議申立が300件以上あり、1999年の建設開始から完成まで10年以上要したが、エネルコンやEWE建設の風車20基も加わった。干拓地向かいにある同じ市内の広大な湿地は鳥類保護地区（Important Bird and Biodiversity Area：IBA）であり、自然保護団体による欧州裁判所への建設中止の提訴や、自然保護に関するデータが不十分とするEU環境保護総局のドイツ政府への指摘もあった。それにもかかわらず、決着のつかぬまま発電所は操業開始したとされる。

この発電所から河口よりの新港開発予定地周辺に、エネルコン、EWE、市公社、風車関連エンジニアリング会社が共同で日本製800kW蓄電池を備えた総出力75MWのエネルコン製巨大風車16基の建設を計画した。不安定な風力発電をカバーできる蓄電池技術開発を目的に2基建設されたが、同じ敷地内へのデンマークの電力会社ドンクの石炭火力発電所計画と折り合わず、残りの風力発電所計画は中止になった。石炭火力発電所計画も2009年にコペンハーゲンで開催された気候変動枠組条約第15回締約国会議（COP15）直前に中止となった。その後、50km以上沖合に建設されたドイツ初の洋上風力発電アルファ・ベンタスで使用された出力5MWの風車のプロトタイプ2基が洋上風車メーカーBARDにより建設された。

小規模な農業・漁業以外に働き口の少ない人口流出地域であった東フリジア地方で、市民・農民・企業が地元の風力発電に投資することで新しい産業が生まれた。2010年4月現在で風車1000基の総出力1000MW、地元自治体の風力発電事業からの営業税収入年約13億円、土地所有者への地代年約10億円とされる。エムデンの北、北海を臨むクルムホルン村では田園風景が広がる風況の良い中心部にある風車37基総出力72MWだけで約5万世帯分を発電し、それによる営業税は村の収入の第2位を占める。

エムデン市の干拓地と周辺にある風車は市公社分も含め合計53基総出力130MW、ドイツ最大の風力発電所が都市に立地する。年間発電量3億3500万kWhは産業用を含め市の全電力需要を賄い、CO_2発生抑制は年約16万5000トンである。エムデン市公社は風力発電からの収益年約2億4000万円を、市民による省エネの取り組みへの補助や風力発電拡充とスマートグリッド化とによる市の電力グリーン化に充て、都市として2030年までに風力発電によるエネルギー自給100%を目指す。

エネルコンは本社のあるアウリッヒ周辺とエムデンで関連企業を含め従業員数5000人以上と、東フリジアでもエムデンのフォルクスワーゲン工場の8600人に次ぐ規模である。それにドイツ東部のマクデブルクおよび国外のポルトガルやトルコなどの工場を併せると全世界で従業員数1万3000人である。同社は技術の流出に厳しく、リスクの大きな洋上風力発電にも進出しないという。

今後は、2000年前後に建設された風車のリパワー（立て直して規模を大きくすること）を進めると同時に、風況のやや劣る内陸部でもFITの優遇措置があり、自治体も風力発電からの営業税に注目しているので、拡大の余地はある。沿岸部では自然保護との関係で規制が強まる可能性はある。エムデン市は新港予定地周辺を新港整備と併せて洋上風力発電の拠点とし、関連工場誘致などで雇用を含めた経済効果を図りたいと考えている。

2・3・2　ダルデスハイム、ハルツ郡「再生可能エネルギーのまち」

ドイツ中央の魔女伝説で有名なブロッケン山に連なる小高い丘の麓に、中世から都市格を有する町ダルデスハイムがある。東西分断時代には境界近くの東側で旧ソ連軍レーダー基地があり、西側約20ｋｍに放射性廃棄物処分場のアッセがある。現在の人口９００人は統合後も人口流出が続いたためである。

東西分断時代に、ある村人が西側に建てられた構築物を見て疑問をもち、それが発電用風車だと知ると、統合後に個人で風車を建てた。１９９５年には4基で年間１３０万ｋＷｈを発電し、町全体３７５戸分の電力需要を賄えた。その成功を見て町が中心になり、１９９６年から10年計画で現在のエネルギーパーク建設が始まった。市街地から離れたかつてレーダー基地があった丘の上に、風車を建設するため、環境調査と市民参加など十分な準備を行った。２００３年から、出力２ＭＷのエネルコン製風車30基が建設された。１９９８年からマクデブルクに工場を持ち、風車製造を開始したエネルコンにとって、ダルデスハイムは大型受注であり、２ＭＷ風車も最新型だった。これをもとに町と協力関係を築いたエネルコンは、町の発電所も含めた周辺地域で、自社に必要な維持管理要員として町民8人を正規職員として雇用し、後に6ＭＷの巨大風車の実験場所にダルデスハイムを選んだ。建設投資総額は約９０００万ユーロ（約１１０億円）に及んだ。地元周辺住民の投資と地元銀行からの融資で資金を調達し、ベルリンなど外部からの投資を断ったのは、地域から利益が流出するからである。風力発電所の建設段階では、投資の約90％を80ｋｍ圏内に限定し、風車の土台建設と電気関係工事を、地元企業へ発注した。地域に雇用を確保し、新しい雇用を創出するためだった。建設期間中の3年間で160人の臨時雇用を確保した。

2008年に、有限合資会社を設立し、町と組織を分離したが、現在は副町長が会社の経営者である。風力発電所の地代が1基1年約4万ユーロであり、農業収入の10倍になるという。2010年12月現在で町の風車は合計31基で総出力66MW、年間1億3000万kWh（13万人、4万戸分相当）の発電ができる。そこでダルデスハイムは、自分達の属するザクセン・アンハルト州ハルツ郡の地域全体で町の風力発電を有効活用するという新たな目標を掲げ、ドイツ連邦政府のプロジェクト指定を受け、再生可能エネルギーの分散型供給モデルとして、電力会社や電気機器メーカー、ICT関連企業、大学などの参加で「再生可能エネルギー地域ハルツ」に2008年から4年間取り組んだ。「エネルギーのインターネット」としてスマートグリッドなどを活用し、再生可能エネルギー利用と安定供給による、気候変動対策のモデル事業を行ったのである。風力と太陽光は天候依存型なので、供給の安定性を確保するために、発電・貯蔵・消費の調整にICTを使う試みである。ハルツ郡における再生可能エネルギーのポテンシャルは十分にあり、風力を中心にして郡外に電力を移出できる。風力と太陽光の変動への対策として、バイオガス発電設備が重要であり、電気自動車に余剰電力を貯蔵する試みも行われた。また地域における電力の節約促進のため、風力が強い時は電力代金を安くするなど、9段階の電力変動価格設定を行い、その有効性が明らかになった。ただし、これに対して一部電力会社は電力消費が減るのは自分達には好ましくないとプロジェクトから撤退した。日本でも、経済産業省が2012－14年に4地域を指定して、需要応答の社会実験を行い、ピーク時の電力需要を約20％削減できることが分かっている（「次世代エネルギー・社会システム実証事業」）。

このようにダルデスハイムの場合、自治体主導で地域エネルギー資源としての風力を活用して住民参加をすすめ、メーカーと緊密な協力関係を築き、地元密着の雇用と金融を確保できた。それだけでなく近隣の地域、企業や大学とも連携しながら、地元の風力発電を地域分散型エネルギーとして活用すべく新たな課題に挑戦している。

2・3・3　ドイツの風力発電――成果と課題

以上のように、ドイツの風力発電事業は、1980年代までの先駆的取り組みを基礎とし、1991年の電力供給法と2000年の再生可能エネルギー法を引き金にして、飛躍的発展を遂げた。電力中の風力発電の比率は8・9％になり、安定したベース電源になりうることを実証し、さらに大規模洋上風力発電事業へと拡大していく基盤を築いた。またエネルコン、シーメンスなどの世界的風車メーカーと関連産業の発展も著しく、輸出産業としても位置づけられ、国内雇用約10万人、収益、税収などの経済価値創造は約21億ユーロと推定される（エコロジー経済研究所の研究による）。地元資本の参加率も高く、従来型の有限合資会社設立による市民風車に加えてエネルギー協同組合投資の進展がみられ、スマートグリッドの試みも展開している。

しかし、エネルギー大転換の柱として期待される国家プロジェクトの大規模洋上風力発電は、2015年中には合計3GW、2020年には6・5GWになる見通しであるが、様々な困難のなかで計画通りには進まず、また北部から南部への送電線建設も遅れており、天候依存型の再生可能エネルギーにとって不可欠な送電網と調整電源の拡充も解決を迫られている課題である。2013年末に成立した大連立内閣のエネルギー政策（『ドイツの未来をつくる』の1・4「エネルギー転換を成功させる」）においては、「再生可能エネルギーは将来的には補助金なしで、電力市場へ統合され、5MW以上の施設は直接市場取引を行う」とされ、陸上風力も「良い条件の立地は価格を下げ、家屋からの距離規制を行う」という課題も提起された。プロジェクトが大規模化するなかで、送電線拡充などは、住民参加と透明性を通じた公衆の受容性の拡大が不可欠である。

2・4　北海道の風力発電

北海道は日本のなかで風力発電の有望な地域であり、これまで障害とされた強風を、資源として利用する地域からの取り組みが一歩一歩積み重ねられてきた。とくに2000年前後には新エネルギー・産業技術総合開発機構（NEDO）の補助金とRPS制度によって、外部事業者（ユーラスエナジー、電源開発）や自治体（苫前町、寿都町、せたな町など）、市民風車など風力発電事業の取り組みも始まった。設置状況を見ると、道内約52発電所のうち、約7割が民間企業の設置、残りが自治体などの設置である。10年以上の経験を経て、2012年からのFIT実施により、再編と加速の時期を迎えている（詳細は吉田文和・荒井眞一・佐野郁夫編著『持続可能な未来のためにⅡ』2014年参照）。

2・4・1　日本の風力発電のパイオニア苫前町

苫前町では日本海の夕陽の美しい丘に町営3基、海沿いの町営牧場に現ユーラスエナジー20基と電源開発系19基、合計42基（総出力52・8MW）の風車が1998―2000年に建設され、日本初の本格的な風力発電所として操業を始めた。以来15年以上、ほぼ順調に操業を続け、パイオニアとしての想定外の経験を含む、風力発電所運営の課題も明らかになった。

第1に風況調査の問題であり、設備利用率は町営の場合、予想の30％を下回る20％前後であった。気候上、夏に風が弱く、海岸の崖下から吹き上げる風や風車同士の重なりなども風車の効率低下につながる。立地前調査の重要性が明らかになった。第2に設備に予想以上の故障が多く、メンテナンスも含め、発電機が高所にあるため、クレーン作業などに費用を要した。また発電機を多極化して故障や騒音の原因となる増速機をなくしたギヤレス風車の優位性も示されている。第3にオジロワシなど野鳥の衝突事故が、特に海岸近くの風車で、事前調査の予想を超えて多数発生している。継続的な調査が実施されているので、今後の立地に活用されることが期待される。

地元経済と雇用では、現在は合計42基で9人の雇用があり、風車の数と規模がより大きくなれば、さらに多くの通年雇用の可能性がある。また町営風力発電では売電以外に、風車で生産したエネルギーを地元で消費することでエネルギー購入費が町外に流出するのを減らし、新規事業により雇用に繋げたいと考えている。具体的には、風力発電の電力で水素燃料を製造し、熱電併給施設や燃料電池車に供給することを検討し、実験も始められている。

2・4・2　日本最北端の風力発電基地・稚内

ロシアとの国境・宗谷岬には日本でも最大級のウインドファーム「宗谷岬ウインドファーム」（ユーラスエナジー宗谷）の57ＭＷ（57基、２００５年、三菱重工製）が立地する。三方向を海に囲まれ、平均風速７ｍ／秒で夏でも稼働し、平均稼働率は40％近くになる。稚内は、この他の風力発電所を含めると合計74基の76ＭＷで、市内（人口３万６５００人）の年間電力消費量の85％を賄うことができる。今後立地予定の天北風力発電所（30ＭＷ）が完成すると２０１７年には、稚内市内には合計84基１０６ＭＷ、市内年間電力消費の１１０％に相当する予定である。

稚内市は２０００年に全国に先駆けて風力発電施設建設ガイドラインを制定し、景観・騒音・電波障害・影（シャドー・フリッカー）・渡り鳥などの課題に対応し、風力発電と環境との共存を目指している。基本的な考え方は、①法規制により極めて建設が困難な場所、②自然保護等から建設が好ましくない場所、③建設に当たって調整を要する場所、を区分して規制する。

風力発電の地域にとってのメリットの第１は、「エネルギーの多様化、多重化で地域の安心・安全な暮らしの実現」である。再生可能エネルギー等の自立分散型エネルギーを増やしていくことは、非常時のエネルギー確保の観点から極めて重要である。地域にとってのメリットの第2は、「環境と観光」による「賑わいづくり」である。エコツアーなど環境を前面に出した観光振興である。大規模ウインドファームやメガソーラー発電所への見学、会議が増加している。地域にとってのメリットの第3は、「経済効果」である。①風力発電の建設効果による地場産業の振興である。宗谷岬ウインドファームの事業費は120億円であった。②建設後の管理・メンテナンスによる雇用創出効果である。③市有の再生可能エネルギー施設の売電収入で市民に利益を還元している。合計で年間2億5000万円になる。④固定資産税は民間風車70基で合計12億円（20年間）、法人市民税は約4億円のうち約25％が再生可能エネルギー事業による税収である（稚内市長・工藤広「再生可能エネルギー導入による地域へのメリット等について」2014年10月15日、総合資源エネルギー調査会 省エネルギー・新エネルギー分科会 新エネルギー小委員会（第5回））。

現在、道北地域に送電網整備計画が立てられ、稚内市を含む地域に最大700基に及ぶ、風力発電が計画され、環境影響評価のプロセスが進められているが、「地元と参加」と「透明性」の確保が、大変重要な条件である。

2・4・3　地方財政危機打開の寿都町営風力発電

同じ日本海沿岸でも、道南の渡島半島の付け根に位置する寿都町では、冬の西風に加えて、春から夏は太平洋側の長万部・黒松内方面から「出し風」という強い東風が吹き、農漁業の妨げとなる悩みの種であった。これを寿都町は、逆転の発想で町財政を支える町営事業へと発展させた。1989年、全国でもいち早く中学校にヤマハ製2枚羽の82kW風車5基を設置し、照明用電力として自家利用しようとしたが、事前調査不十分で稼働率は低かった。そこで町独自に事業性を調査し、町営温泉施設に、中山間地域農村活性化総合整備事業補助金により町としては500万円の投資で出力230kWのエネルコン製風車1基を設置した。この運用で実績を積み、事業化の見通しを立てた。初期投資額の大きな風車建設に、厳しい町財政をやり繰りして、NEDO補助金などを活用しつつ、2003年の出力600kWのエネルコン製風車3基の操業を開始した。その後も増設を重ね、合計11基総出力16・35MWとステップ・バイ・ステップで事業を発展させてきた。現在、発電所の設備稼働率97%、設備利用率26・5%の好成績を収めている。一般家庭用の電力消費量で換算すると400%を賄っている。

経営面では、2003年からの9年間で事業収入45・9億円のうち電気事業債（起債）21億円と売電収入13・4億円、支出45・7億円のうち風力発電事業費31・2億円と一般会計繰出金5・3億円に長期元利償還金が5・4億円ある。売電収入は年毎に変動はあるものの、2009年には3億円近くになった。FIT適用により売電収入は年3・7億円程度に改善されるという。

寿都町の風力発電事業が他と比べて好成績である最大の要因は、厳しい町の財政を事業収益で支えるという目的が明確であったことであり、事業性が十分検討されたことである。外部事業者の風力発電所を誘致するだけでは、段々減っていく固定資産税には頼れないし、その分交付税が減らされる。現在年間2億円から800万円規模の一般会計への繰出金は、漁業向けの磯焼け対策（藻場施肥）など町の産業振興策にも使われる。さらに風力発電所の段階的拡張に伴って、北海道電力と粘り強く交渉し、近年の厳しい受入れ抑制の中で、2011年の2基増設の際にコストのかかる蓄電池を電力変動（下げしろ対策）対策用として導入を余儀なくされたが、余剰金を使って水道料の値下げやプレミアム商品券、街路灯の電気代補填、診療所運営への補填、医療系学校への進学者への奨学金などで住民への還元を行った。今後の課題は、優先接続の実施と送電線増強によるさらなる事業の拡大である。

2・4・4　日本初の洋上風力に取り組む道南せたな町

道南のせたな町営風力発電事業は、中止となった海洋深層水開発とセットで開始された。結果的に日本初の洋上風力発電となった。港の東外防波堤近くに建設されたため、風は平均10m／秒と強く、平均設備利用率は34％と高い。また日本唯一の洋上風力発電として注目されて観光資源となり、騒音問題などはないが、維持管理には港から船で10分程の距離と手間がかかる。

事業としては、出力600kWのベスタス製風車2基に加え、基礎工事に陸上の2倍の2億円もかかり、総工費6億9000万円、そのうちNEDOから補助金が3億1000万円、残りは起債とした。その起債償還費用が年3400万円、修繕費用1110万円、保守管理委託料370万円、損害保険料210万円（落雷などに適用）などがかかり、売電収入3300万円（2010年度）に対して年間1000万円の赤字となる。北海道電力との売電契約で、RPS制度により操業開始の2004年から17年間約10円／kWhの買取保証が、FITの適用により17－18円kWhとなり、赤字はほぼ解消された。ただし最初のFITには洋上風力発電の制度がなく、陸上と同じ低い価格に据え置かれた。せたな町は、寿都町と同様、冬だけでなく春から夏の「やませ」（東風）が吹く、風力発電には好適の地域なので、すでに進出している電源開発に続き今後は民間企業の進出を町は望んでいる。

2・4・5　日本の市民風車のパイオニア北海道グリーンファンド

自治体や企業による風力発電所建設が進むなかで、北海道グリーンファンドは原発に頼らない地球温暖化対策として、市民風車建設を目指した。第1号「はまかぜちゃん」（浜頓別町）建設のため、グリーンファンドの出資で発電事業者の（株）浜頓別市民風力発電を設立した。同社が匿名組合契約で217名の市民から発電事業の利益分配を条件に、資金提供を受け、総事業費の8割（風車1基建設費約2億円を含む）を調達した。同社は金融機関からの融資の受皿ともなり、北海道電力と売電契約を結んだ。「はまかぜちゃん」は北海道内でも早期の建設で売電価格も高く、故障も少なく、風況の良い立地に恵まれたため、操業も順調であった。この1号機がその後の市民風車のモデルとなって、これまでに北海道グリーンファンドだけでも、合計4000人の出資者による14

基の市民風車を運営している。

以上のように、グリーンファンドは、日本で初めて再生可能エネルギー事業への市民ファンドを開発し、地域・市民の参加による融資制度を組織できた。そして、2—2・5％の利益分配を維持して信用度も向上させた。利益の社会的共有化と社会的受容性を拡げた。グループ組織で約30人の雇用を生み出すことができた。これをモデルに全国でも太陽光発電事業への市民ファンドがスタートした。

2・4・6　北海道の風力発電——成果と課題

北海道の風力発電事業の飛躍的拡大、ポテンシャルの全面的利用には、送電線の拡充整備が不可欠である。この面で2013年度政府予算（250億円）により、道北地方の送電線整備の特定目的会社（北海道北部風力送電株式会社）が設立され、国の出資、北海道電力、民間事業者（ユーラスエナジー）の出資を入れた組織ができ、10年間の送電線拡充プロジェクトが発足したことは評価できる。これにより、優先接続を確保し、地域経済への波及効果も期待できるが、立地予定地点がまだ公表されていない。

これまでの低収益性の風力発電事業を活性化させるためには、さらに立地規制の改革、手続きの見直しが必要であり、同時に、景観と野鳥保護などを進め、総じて地元と市民参加と透明性の拡大が重要な課題である。自治体によるゾーニング（風力発電立地可能地点の指定）の可能性も検討されるべきである。

2・5　むすび――三つの視点から

ドイツと日本の風力発電事業を事例として、再生可能エネルギーと地域経済について、三つの視点から検討してきた。

第1に地域エネルギー資源としての風力の活用という点では、両国とも、送電線整備が不可欠であると同時に、自然保護や居住地域との距離などの環境保全対策の実施と、住民参加と透明性の拡大が決定的である。

第2に制度枠組み条件では、ドイツの場合、発送電分離と電力自由化および再生可能エネルギー法による固定価格買取と優先接続の保証を実現することで風力発電の普及拡大に成功し、今後は陸上風力発電の電力市場への統合と洋上風力発電拡大を目指す次のステージへ移行した。それに対して日本では、低い導入数値目標のRPS制度下で価格も優先接続も保証されないことが、風力発電普及を妨げてきた。FIT実施後も送電線整備や電力自由化の遅れにより優先接続は保証されていない。太陽光などと比べ、風力発電は立地など事業性調査や環境影響評価に時間とコストを要し、電力受入の保証もないので、リスクの大きな事業となっている。風力発電に関わる政策と規制の改革が必要である。

第3に経済的条件として、ドイツでは風力発電は収益を保証された事業として確立し、地域資源の活用という点から、大手事業者だけでなく、地元企業や協同組合による市民風車の建設が進み、地域経済への効果も、発電事業による収益、税収および雇用面で確認されている。

これに対して日本では、これまでリスクも大きく収益性の低い事業だったので、事業参画者も自治体や外部事業者に限定されてきた。市場規模も太陽光関係が約4兆円に対して、風力発電は161億円で、2000年からほとんど増えていない。事例として挙げた自治体の事業も収益は乏しく、また市民風車の主目的は収益ではない。FIT実施後も、設備・建設・運用のいずれのコストもドイツに比べ格段に高く、既存の事業が赤字を脱却した程度であり、今後の風力発電拡大には上述のリスクの大幅低減とともにコスト低減も併せて望まれる。さらに地域資源として活用するためには、地域で資金を集め、人材を育成する取り組みとそれを支える仕組みづくりが課題である。

以上の比較検討により明らかになった課題を克服できれば、日本の風力発電の飛躍的拡大は可能であると考える。エネルギー危機を再生可能エネルギー拡大のチャンスに変えるうえで、地域の担う役割は大きい。

《本章は吉田文和・吉田晴代「再生可能エネルギーは地域に何をもたらすか――ドイツと日本の風力発電を事例として」『環境と公害』第四三巻第四号、2014年」を改訂したものである》

■コラム8■　Power to gas とは？

風力と太陽光は天候次第といわれるが、風力や太陽光による再生可能エネルギー電力を使って、余剰の際に水を電気分解して水素と酸素を発生させる。さらに水素と二酸化炭素を反応させてメタンガスをつくる方法が Power to Gas といわれる。水素は天然ガスに5％まで混ぜることができる。貯蔵エネルギーとして Power to gas により、再生可能エネルギーで生産された電気をガスに替え、電気・ガス・熱の3つのネットを柔軟に使うことができる。大きな貯蔵能力と貯蔵時間を持ち、ガスは熱と燃料として使えるメリットがある。水素は燃料電池車にも使える。メタンガスは水素よりも運搬しやすい。最大の課題は電気分解、メタン化の低効率と高コストであった。

しかし、実際、ドイツでは電力会社のエーオン、産業ガス会社のリンデなどが再生可能エネルギー電力からガスを作り出す事業を始めている。エーオンはハンブルグ近くで、「ウインドガス」の実験プロジェクトが2014年末から稼働している。北海の洋上風力発電で、メタンガスを製造し、エネルギー効率は最低でも66％という。リンデとシーメンスも提携して、陸上風力発電を使った水素プラントをマインツ市に建設している。

アウディもドイツ北部で、洋上風力発電を使ったガス製造プラントを立ち上げ、環境に優

図11　Power to Gas

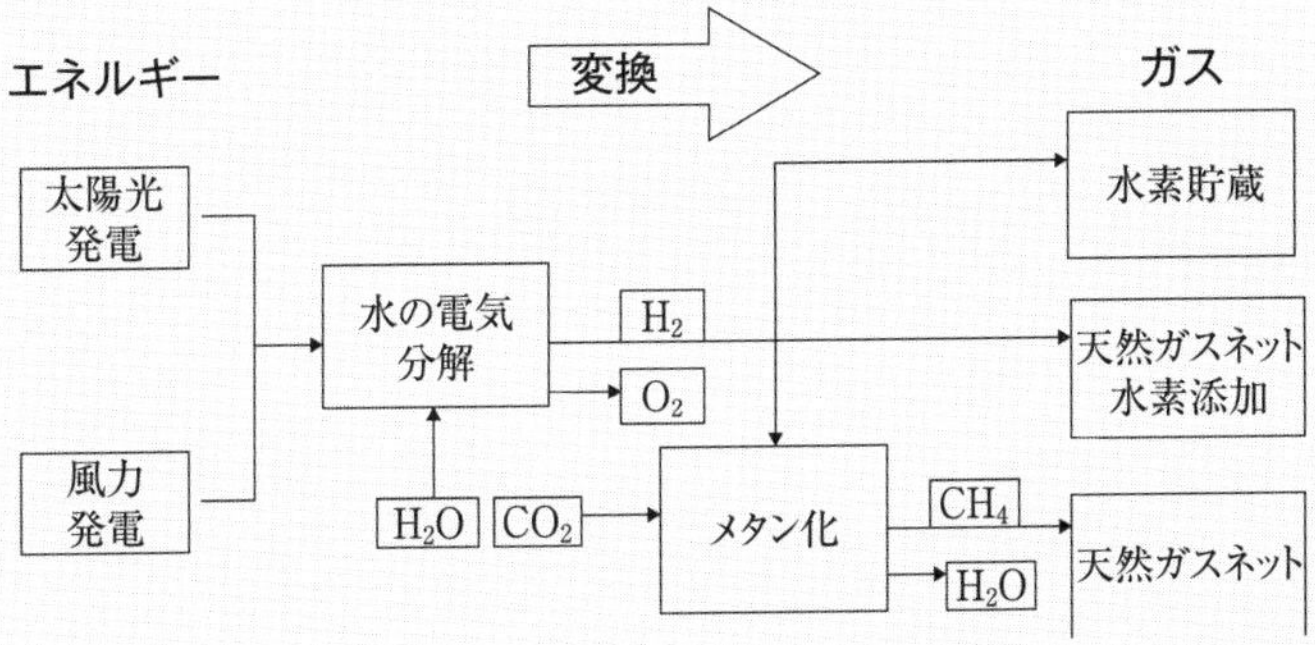

出典：Dr. Michael Steiner, "100　% Renewable Energy Supply for Cites and Nations," European Union, Sustainable Energy Week, March 2010.

しい天然ガス車を売り込む予定である（『日本経済新聞』２０１４年８月５日付）。

■むすび■ ドイツの挑戦と日本

ドイツは、私が初めて訪ねたころと大きく変わっている。最大の変化は、東西ドイツの再統一である。１９８５年にドイツを訪れることになった当時、アムステルダムから国際列車で、東ドイツを抜けて、西ベルリンに入り、動物園駅を抜けて、東ベルリン側の入り口フリードリッヒ通り駅に着いた時には、警察犬が車内の検査を行っていたことを思い出す。研究で訪問したハレでは、石炭火力発電所や暖房による大気汚染に煤けた街並みを見ることになった。１９８９年夏に東ベルリンに行き、「ベルリンの壁崩壊」直前の状況を直接体験できた。

東西統合後、１９９５年にハレを再び訪れ、日独環境シンポジウムに参加した。環境再生事業中のブナ化学工場を見学することができた。水俣病を発生させたチッソと同じ工程があり、水銀を触媒としたアセトアルデヒド工場が操業していたのである。

その後、ドイツ経済研究所やベルリン自由大学と研究交流が進み、循環経済、環境再生、再生可能エネルギーの研究、日独比較研究のために、毎年のように、ドイツを訪れるようになった。合計すると、一年以上にわたる滞在期間になると思われる。

なかでも忘れられないのは、２０１１年3月11日の東日本大震災と福島第一原発の事故の際にベルリンに滞在していた時のことである。ホテルの近くの八百屋のトルコ人から、地震と津波のことを知らされて、日本に帰国する際に、お悔やみと餞別（果物）をもらった。

その後の経緯は、ご存じのとおり、ドイツは、脱原発を最終的に決め、エネルギー大転換の方針を決めて実施しているが、まだ8基の原発が稼働している。これに対して、日本は脱原発の方針を決められない一方で、事実上原発が止まり、節電も10％を達成したけれども、原発再稼働に進んでいる。ドイツの枠組みと目標を明確にし、政策手段を体系的に整えていくという「戦略性」「論理性」に、日本は大いに学ぶ必要があると思うのである。「脱原発」は、必然的に「エネルギー大転換」を伴わざるを得ず、「脱原発」と「エネルギー大転換」は一体のものである。

「ドイツでできることが日本でもできないはずはない」という思いから日独比較研究に取り組んできたのである。

「はじめに」で述べたように、日独はその資本主義的近代化プロセスで、多くの共通点を持ち、日本は多くの制度と技術をドイツから学んだ。両国は、戦後もアメリカの影響のもとで復興を遂げた。原子力技術の導入・利用も共通であるが、途中から、原子力に対する方針も異なるようになり、また再生可能エネルギーの導入利用の制度づくりや第四の産業革命でも、ドイツが先行している。

その経緯について、その違いのよって来る背景と原因は、本文で分析してきたように、整理すると現代ドイツの以下の特徴にあると思われる。

一、事実と論理性の重視
二、長期見通しと戦略性
三、公論形成と公論の役割
四、参加と透明性の確保
五、リスクの捉えかた

第一の「事実と論理性の重視」という面は、ドイツが演繹的・論理的に、政策目標を決め、体系的に政策手段を整備するという点が重要である。また、核燃料の再処理方針は、ドイツでも、当初掲げられたが、技術的困難と地元の反対運動という「事実」に直面して、最終的には再処理路線は放棄された。再処理方針の放棄は、脱原発の布石となったという意味で、大変重要である。これに対して、日本は、高速増殖炉の見通しもなく、再処理施設の運転開始が20回以上も延期されているにもかかわらず、再処理方針の抜本的見直しが行われていない。再処理の技術的および社会的困難という「事実」を直視せず、あいかわらず、「資源のない」日本を旗印にし、ハイテク指向の失敗を認めず、達成できない目標について巨額な費用（約12兆円）をかけて追及しようとする、非合理が訂正されずに、既得権益と方針が温存されているのである。再処理にこだわるのは、「潜在的核保有国」としての地位を確保したいのではないかと外国から疑われるのである。

第二の「長期見通しと戦略性」という面は、「エネルギー大転換」のみならず、生産についても「第四の生産革命」を掲げ、ドイツの条件を踏まえた、長期見通しと戦略性を持って、世界におけるリーダーシップをとり、中国やインドなどを視野にいれたグローバルな戦略が明確である。「エネルギー大転換」は、電力のみならず、熱と燃料の分野を含み、文字通り「エネルギーの全分野」を視野にいれた転換を目指す「長期的見通しと戦略性」を持っていることが重要である。日本の経済成長戦略である「アベノミクス」は、空前の金融緩和を行い、円安と株高を導きだそうとしているが、肝心の経済長期戦略に欠け、膨大な国債発行に頼っており、この点でもドイツと対比をなしている。むしろ原発再稼働と原発輸出が経済成長戦略の柱になっているのである。

第三の「公論形成と公論の役割」という面では、新聞やマスコミなどにおける多様な議論と論争が、連邦議会や州議会、市議会などにおける議論とともに、重要な役割を果たしており、保守政党においても、エネルギー問題や原子力問題は多様な意見が存在し、論争が行われてきた。日本においては、原子力やエネルギー問題についての原理的な議論と論争が十分に行われず、専門家や行政に任せてきた経緯がある。ドイツと比べて、原子力に批判的な市民運動は十分な理論的能力と組織力を持つまでに至っておらず、福島事故が起きて、世論の半分は再稼働に反対であっても、十分な運動を組織するにはいたっていない。

第四の「参加と透明性の確保」による合意形成は、ドイツにおいては、原子力を含めてエネルギー政策の立案と運営にとって、とくにこれまでの長い論争と紛争の経過を経て、行政側の教訓となっている。「住民の参加と透明性の確保」がなければ、短期的には政策が進むように見えても、長期的には不成功に終わることは、放射性廃棄物問題の経過から見れば明らかである。ドイツの放射性廃棄物問題は、振出に戻り、再出発せざるをえなくなっているのである。

第五の「リスクの捉えかた」については、たしかにドイツは「不安の民」といわれるように、原子力を含めて、リスクに敏感であるので、脱原発に進んだといわれてきた。ドイツの場合、核兵器が東西ドイツに配置され、冷戦の最前線となり、反核兵器運動と原子力反対運動が連合した点が日本などとの大きな違いであるが、原子力のリスクが、事故が起きた場合に大きすぎるという判断は、スリーマイル島原発事故（1979年）、チェルノブイリ原発事故（1986年）、福島原発事故（2011年）など、外国の事例からドイツが学び自分たちの方針転換に活かしたものであり、これは保守党も含めた判断である。倫理委員会報告に指摘されるように「原子力の利用やその終結、他のエネルギー生産の形態への切り替えに関する決定は、すべて、社会による価値決定に基づくものであって、これは技術的あるいは経済的な観点よりも先行している」という基本的な認識にある。短期的な経済コストによって原子力を評価するという姿勢とは根本的に異なるものである。日本の場合には、ドイツと比べ、地震・津波・火山という固有のリスクが伴うことも忘れてはならない。

以上、五点にわたり、ドイツから日本が学ぶべき諸点を指摘してきたが、日本はドイツに比べて優れた側面をまた多く持っている。とくに、公共交通網の整備と運行の正確さは、ドイツ人も認めるところであり、「高度に組織されたハイテク国家日本」という評価を受けている。その日本で起きた福島事故であり、それがドイツに脱原発を最終的に決定させたのである。

ドイツは、なんといっても「自動車大国」であり、アウトバーンが全国を網の目のように張り巡らされ、家計からのガソリンへの出費は、再生可能エネルギー固定価格買取賦課金を含む電気代を上回る。したがって、再生可能エネルギーの拡大目標は達成できても、温室効果ガスの削減目標ははるかに達成困難である。日本は、福島事故後、電気の省エネ約10％を達成し、引き続き省エネを深堀しようとしている。こうしたきめ細かい省エネは日本がお得意とするところである。

しかし、熱を含む総合的なエネルギー利用面では、熱電併給（ＣＨＰ）などで、日本はドイツに大きな後れをとっており、戦略性と縦割りの弊害克服が大きな課題である。こうした日本の置かれた地位と課題を明確に戦略的に位置づけ、公論を巻き起こし、長期見通しを立て行くことがドイツに学ぶべき最大の課題である。

日本には①資源がない、②島国であるから原発を使い続けるべきで、ドイツの脱原発を見習うべきではないという議論がある。しかし、①資源がないといわれる点についていえば、日本の国土と資源の多様性はドイツと比べてはるかに高く（風力、太陽光、バイオマス、地熱）、②島国であるといわれる点についても、ノルウェーやドイツの海底電線の距離は、サハリンや韓国との距離と大きく変わらない。また日本列島の南北構造を考えれば、四つの島の連携による対応が十分可能である。例えば、本州の電力需要のピークは夏の午後であるが、北海道のピークは冬の夕方である。

日本のエネルギー基本計画や２０３０年エネルギー・ミックス（再生可能エネルギー22－24％、原子力20－22％、温室効果ガス２０１３年比26％削減）を決めた際の基準は、３Ｅ＋Ｓであるとされている。すなわち、Safety（安全性）を前提として、安定性（Energy Security）、経済効率性（Economic Efficiency）、環境（Environment）であるという。これをもとに、①自給率（25％）、②電力コストを現状より下げる、③欧米に遜色のない温室効果ガス削減目標を基本方針とするとされた。

しかし、温暖化・供給安定性・原子力の３つのリスクを総合的に下げるという視点から見ると、福島事故を踏まえた原子力の根本的見直しはなく、事実上、短期的な電力コストを引き下げることが優先され、再生可能エネルギーの目標値も30％をはるかに及ばず、現状の先延ばしに終わっている。

日本風力発電協会は、２０３０年の風力発電の導入目標を国内発電量の約８・５％に相当する３６２０万ｋＷに設定しているが、今回提示された電源ミックス案では１・７％に過ぎない。既存の設備と環境アセスメントの手続き中の設備を足し合わせただけでも、すでに目標値の大半を占める。環境省は再生可能エネルギー比率を最大35％にできるとの試算を公表し、自民党の再生可能エネルギー普及拡大委員会も導入目標を30％以上とする提言をまとめたが、今回の原案には全く反映されていない。

２０３０年の原子力の比率を20％以上とする場合には、40年稼働の延長、さらには新設・リプレイスを行わないと達成できないことになる。福島の事故を受けて、脱原発を目指し、再生可能エネルギーと省エネにより、制約目標を設けて、どこまで達成できるかという視点がなく、まだ原発の再稼働と稼働延長を最大限追求し、再生可能エネルギーの出力抑制を行うという視点が全面にでているのである。

しかし、民間のエネルギー調査機関ブルームバーグ（Bloomberg New Energy Finance）によれば、原発を延長稼働するコストや追加的に発生する規制の重荷を考慮すると２０３０年の電力供給量に占める原発の割合は10％にも満たず、むしろ太陽光発電が原発を上回るであろうという予測も行われている。（同 Energy Japan whitepaper ２０１５年6月2日付 ）。実際、２０１５年夏ピーク時に太陽光発電は約1割をになった。

電源ミックスを検討する長期エネルギー需給見通し小委員会の議論自体が、コスト検証委員会の報告をもとにしており、短期的な経済コストを優先させて議論しても、原発を含めたコストの不確実性、安全運転の不確実性が大変大きいのである。ここに、①短期的コストに基づく判断を行ってよいかという問題があり、このことは、最近の地震、津波、火山（１０８の活火山）などの発生を見れば明らかである。②コスト計算そのものも、原発事故の発生確率を、福島事故がすでに起きたということで半減させかつ、その電力コストの比較においては、再生可能エネルギーのコストには資本費が算入されているのに対して、火力と原子力には燃料費のみが算入され、原発のコストを意識的に低くする操作が行われている（総合資源エネルギー調査会、長期エネルギー需給見通し小委

員会（第9回会合）資料6、2015年5月26日参照）。

福島の事故を経て、何を学び、今後のエネルギー政策に活かすべきか、それが問われているはずである。コスト面に焦点を当てた経済的および技術的観点は、短期的で不確実性が高い。ドイツの倫理委員会報告が強調するように、社会的な価値の観点、予防とリスク管理からの批判的分析と方針がいまこそ日本に求められているのである。

日本は、「外圧」と「人柱」でしか変わらないといわれてきた。二つの原爆でやっと第二次世界大戦が終結したように、第二の福島原発事故が起きなければ、日本の脱原発が決められないとしたら、それは日本の悲劇的結末である。

後世になって、世界から「昔、東アジアに日本という大国があった」、「しかし、地震と火山に見舞われ、ハイテクの原発や新幹線が被害にあい、回復不可能な汚染が広がった」、「周辺のアジア諸国からも支援を受けたが、歴史認識の問題もあり、限界があった」などと言われないように、今から予防・準備することが政治的社会的立場の違いを問わず、日本人が生き残るための責務ではないだろうか。

あとがき

本書は、日本学術振興会による科学研究費海外学術調査『緑の投資の国際比較研究――デンマークとドイツの再生可能エネルギーと地域経済活性化』（2012―2014年度、吉田文和代表）の研究成果を、一般向けにわかりやすく書き直したものである。また、一部に環境省による環境研究総合推進費『コジェネレーションネットワーク構築のためのCO_2削減・経済性・政策シナリオ解析』（2013―2015年度、近久武美代表）による調査事業の成果を組み入れている。

両事業ともに、国費による研究費配分を受けており、納税者である国民に対して、その研究成果と内容をわかりやすく説明する義務が「透明性」の確保のうえからも必要であると考え、本書をまとめた次第である。

科学研究費による研究は、以下のメンバーが研究分担者として参加した。荒井眞一（北海道大学、当時）、藤井賢彦（北海道大学）、佐野郁夫（北海道大学、当時）、外山洋一（北海道大学）、東愛子（北海道大学、当時）、大島堅一（立命館大学）、竹濱朝美（立命館大学）、上園昌武（島根大学）、氏川恵次（横浜国立大学）、吉田晴代（研究協力者、札幌大学、当時）

また、関連して、「脱原発とエネルギー大転換」に関する2回の日独シンポジウム（ベルリン、

2013年3月、2015年3月）に参加された、大沼進（北海道大学）、鈴木一人（同）、本田宏（北海学園大学）、渡邊理恵（新潟県立大学）の各氏の研究成果と意見も反映されている。

本書は、私自身と各参加メンバーの研究成果を踏まえて、私自身の責任で取りまとめたものである。本書の草稿は、メンバーによって意見が述べられ、できるかぎり改善され、わかりやすくなっていると確信している。

本研究の推進に当たり、日独両国の多くの行政機関、研究機関、研究者、組織と個人に多大なるご支援を賜った。ここに記して感謝したい。

ドイツ

国家機関：環境省、環境庁、経済エネルギー省、（在ドイツ日本大使館、ベルリン日本センター）ドイツ貿易投資振興機構（ＧＴＡＩ）

地方行政機関：ベルリン市、フランクフルト市、グライフスヴァルト市、トロイエンプリーツェン市、バルニム郡、ダルデスハイム市、ヴィルトポルツリート村、

大学・研究機関：ベルリン自由大学環境政策研究所（FFU）、ベルリン工科大学、エムデン工科大学、ドイツ経済研究所（DIW）、エコロジー研究所（Öko-Institut）、エコロジー経済研究所（IÖW）、分散型エネルギー技術研究所（IdE）、アゴラ・エネルギー大転換（Agora）、国際高等サステナビリティ研究所（IASS）

企業、組合：50Herz社、EWN、エネルコン社、フェルトハイムエネルギー社、エネルギー源社、アグロクラフト社、バイオエネルギー村：ライフェンハウゼン、ブックハルト社、AFK地熱有限会社、ウンターハッヒング地域暖房有限合資会社、エムデン市エネルギー公社、東フリースランド・パーペンブルグ商工会議所、「エコドルフ」（ボードイン村）、ドイツ風力エネルギー協会（BWE）、ベルリン・エネルギー・エイジェンシー、CHP協会（ベルリン市）、地域暖房（熱エネルギー利用）協会（AGWFフランクフルト市）
個人：デートマー・エドラー（DIW）、ヘルムート・ワイトナー（ベルリン自由大学）、マーチン・イエニッケ（同）、西村健佑（コンサルタント）、梶村良太郎（再生可能エネルギー・エージェンシー）、ヴォルフガング・バウアー（ホテイ・トラベル）、ふくもとまさお（ジャーナリスト）、ジュリア・クライン（ミュンヘン大学）

日本国内機関

環境省、経済産業省、北海道経済産業局、北海道、札幌市、稚内市、函館市、下川町、幌延町、苫前町、寿都町、せたな町、鹿追町
北海道大学、北海道電力、北海道ガス、トヨタ財団、JA浜中、別海バイオガス発電、洞爺湖温泉利用組合、コーンズAG、北海道グリーンファンド、丸玉産業、町村牧場
個人：鈴木亨（北海道再生可能エネルギー振興機構）、田原沙弥香（同）、宮本尚（北海道エネルギ

ーチェンジ）、秋山孝二（秋山生命科学振興財団）、Peter Howlett（函館ラサール高校）、上田文雄（弁護士、前札幌市長）、後藤俊明（愛知学院大学）、竹ケ原啓介（日本政策投資銀行）、関口裕二（北海道新聞）、綱島洋一（朝日新聞）、竹内敬二（同）、宇野澤晋一郎（日本経済新聞）、大熊一寛（東北大学）、皆川修吾（元北海道大学）

今年2015年は、戦後70周年に当たり、様々な戦後論が展開された。世界に眼を向けると、アジアでは中国・韓国で抗日・独立の記念行事があり、ヨーロッパではEU、ユーロ・ギリシャ問題、そして難民問題の発生のなかで、ドイツに対する関心が高まっている。そのなかで「ドイツ帝国論」、「ドイツリスク論」なども議論されている。

とくに、本書は、エネルギー問題に焦点を当て、日独比較の視点から、「ドイツ論」を展開した。私は、日独の近代化プロセス・戦後復興過程の類似性、戦後枠組みの相違性に注目しつつ、政治・経済・エネルギー政策の形成過程、意思決定と根拠のあり方について、日本はドイツから大いに学ぶ必要があるという立場である。もちろん、ドイツ社会・政治には多くの課題があり、ドイツが日本に学ぶべきだと思われる点も多い一方、日本をめぐる閉塞状況を打開し、諸課題を解決していくためには、日独両国が相互に学びあうことが大変有意義であると考えている。

最後に、本書の元になったいくつかの章については、その後の進展を踏まえ、さらに調査を重ね加筆修正を加えているが、その元の共著者である、ミランダ・シュラーズ教授（ベルリン自由大学）、荒井眞一氏（元北海道大学特任教授）、佐野郁夫氏（同）、そして吉田晴代博士（元札幌大学）に深く感謝したい。

まず、第Ⅰ部第1章の元の共著者であるミランダ・シュラーズ教授には、マーチン・イエニッケ教授とともに、福島原発事故前後から日独のエネルギー政策の比較研究の意義を強調され、相互に両国を訪問し、また2回にわたる日独シンポジウムを組織していただいた。

また、第Ⅱ部第5章の元の共著者である、環境省出身の荒井氏と佐野氏には、北海道大学の低炭素プロジェクトに同僚として取り組み、多くの調査・企画に協力していただき、かつ本書の草稿に対して、詳細なコメントをいただいた。

そして、私事にわたり恐縮であるが、私の妻であり、共同研究者である吉田晴代には、これまで国内外にわたる調査研究にほとんど同行し、本書の元になる論文（第Ⅰ部第4章、第Ⅲ部第1章第7節、第2章）を共著論文として発表してきた。ここに記して深く感謝の気持ちをあらわしたい。

本書の編集に当たられた道中真紀さんには、ともに「エルムの森」で、アマルティア・センに触発されて研究を進めたものとして、立派な研究者でかつ編集者になられたことを喜びたいと思うと同時に、感謝の気持ちで一杯である。

２０１５年11月

吉田　文和

索　引

欧文

ア行

カ行

サ行

タ行

ナ行

ハ行

マ行

ラ行

参考文献一覧（引用順、和文欧文順）

はじめに

・丸山眞男「超国家主義の論理と心理」『世界』1946年５月号。

・齊藤誠『震災復興の政治経済学——津波被災と原発危機の分離と交錯』日本評論社、2015年。

・Ethik-Kommission,Sichere Energieversorgung, 2011, *Deutschlands Energiewende, Ein Gemeinschaftswerk für die Zukunft.*（吉田文和、ミランダ・シュラーズ訳『ドイツ脱原発倫理委員会報告——社会共同によるエネルギーシフトの道すじ』大月書店、2013年）

なお、倫理委員会報告の邦訳への書評として、久保文彦、上智大学『人間学紀要』44号、2015年（http://repository.cc.sophia.ac.jp/dspace/handle/123456789/36336）がある。

また、ドイツの環境倫理と脱原発について論じたものに、牧野広義『人間的価値と正義』第６章「ドイツの環境倫理思想と脱原発」文理閣、2013年がある。

・大熊一寛『グリーン成長は可能か？　経済成長と環境対策の制度・進化経済分析』藤原書店、2015年。

・Radkau, Joachim and Lothar Hahn, 2013, *Aufstieg und Fall der deutschen Atomwirtschaft,* Oekom Verlag.（山縣光晶、長谷川純、小澤彩羽訳『原子力と人間の歴史——ドイツ原子力産業の興亡と自然エネルギー』築地書館、2015年）

・若尾祐司・本田宏編『反核から脱原発へ——ドイツとヨーロッパ諸国の選択』昭和堂、2012年。

・細野祐二「東芝粉飾決算事件の真相と全容」『世界』2015年９月号。

・「不正の動機は何か、6600億買収の誤算」『日経ビジネス』2015年８月31日号。

・IAEA, 2015, *The Fukushima Daiichi Accident.*

・Bundesministerium für Wirtschaft und Energie (BMWi), 2014, *Die*

Energie der Zukunft. Erster Fortschrittsbericht zur Energiewende.

第Ⅰ部

第2章

・sayonara-nukes-berlin「廃炉の話をしようや②――廃炉の期間、費用、廃棄物」2014年10月（http://sayonara-nukes-berlin.org/）。
・日本再生可能エネルギー総合研究所レポート「現地ルポ：世界最大の原発跡地を見る――旧東ドイツ、グライフスヴァルト原発の今、part2「中間貯蔵施設と地元の町」」、2012年2月（http://jrri.jp/report_201207_greifswald.html）。
・COCCOLITH EARTH WATCH REPORT「ドイツグライフスヴァルト原発跡地再開発のドキュメンタリーを視て原発問題を考える」2012年6月（http://blog.goo.ne.jp/coccolith/e/ad99cd1c294d3993e15ae39ef2ee7062）。
・上澤千尋・澤井正子「ドイツの原子炉解体の例と中間貯蔵」『科学』第83巻第10号、2013年10月号。
・Wolfgang Neumann, 2013, “Bestandsaufnahme Atommüll 2013, Zur Sache, Büergerinitiative Lüechow-Dannenberg,” 2(8), 12-44.
・Energiewerke Nord（EWN）（http://ewn-gmbh.de）.
・L. Ackermann and W. Pfeffer, 2013, “Decommissioning and dismantling of nuclear power plants: Radiation protection experience in Germany,” Gesellschaft für Anlagen- und Reaktorsicherheit（GRS）mbH, Eurosafety Forum 2013, Nov. 2013.

第3章

・日本学術会議「高レベル放射性廃棄物の処分について（回答）」2012年9月1日。
・青木聡子『ドイツにおける原子力施設反対運動の展開――環境志向

型社会へのイニシアティブ』ミネルヴァ書房、2013年。
・渡邊冨久子「ドイツにおける高レベル放射性廃棄物最終処分地の選定」『外国の立法』258, 2013年12月。
・渡邊冨久子「アッセ放射性廃棄物処分場の閉鎖のための原子力法の改正」『外国の立法』255-2, 2013年5月。
・北海道新聞社編『原子力 負の遺産――核のごみから放射能汚染まで』北海道新聞社、2013年。
・日本弁護士連合会『高レベル放射性廃棄物問題調査報告書』1990年。
・滝川康治『核に揺れる北の大地（脱原発シリーズ――幌延)』七つ森書館、2001年。
・日本学術会議「高レベル放射性廃棄物の処分に関する政策提言――国民的合意形成に向けた暫定保管（提言)」2015年。
・土井和巳『日本列島では原発も「地層処分」も不可能という地質学的根拠』合同出版、2014年。
・原子力環境整備促進・資金管理センター『諸外国での高レベル放射性廃棄物処分について』2015年版、経済産業省資源エネルギー庁。
・北海道弁護士会連合会『使用済み核燃料の地層処分を考える』2014年。
・Peter Hocke and Beate Kallenbach-Herbert, "Always the Same Old Story? Nuclear Waste Governance in Germany," in Achim Brunengräber Maria Rosaria Di Nucci, Ana Maria Isidoro Lozada, Lutz Mez, and Miranda Schreurs eds., 2015, *Nuclear Waste Governance,* Springer.
・Ursula Schoenberger, 2013, *Atommüll.*
・Deutscher Bundestag, 2012, "Entwurf eines Gesetzes zur Beschleunigung der Rückholung. Radioaktiver Abfälle und der Stilllegung der Schachtanlage Asse II," Drucksache 17/11822.
・OECD, 2010, Partnership approach: To Siting and Developing Radioactive Waste Management Facilities.
・Achim Brunnengräber and Miranda Schreurs, 2015, Nuclear

Energy and Nuclear Waste Governance, Perspective after Fukushima Nuclear Disaster, in Brunnengräber, A., Di Nucci, M.R., Isidoro Losada, A.M., Mez, L., Schreurs, M.A. eds., 2015, *Nuclear Waste Governance: An International Comparison*, Springer.

- BMU (Bundesministerium für Umwelt, Naturschutz, und Reaktorsicherheit), 2010, Sicherheits-anforderungen an die Endlagerung wärmeentwickender radioaktiver Abfälle.
- BMU, 2015, Joint Convention on the Safety of Spent Fuel Management and on the Safety of Radioactive Waste Management. Report of the Federal Republic of Germany for the Fifth Review Meeting.
- BUND (Bund für Umwelt und Naturschutz Deutschland), 2014, Atomrückstellungen für Stilllegung, Rückbau und Entsorgung, Kostenrisiken und Reformvorschläge für eine verursachergerechte Finanzierung, Studie der FöS im Auftrag des BUND.
- DIW (Deutsches Institute für Wirtschfatsforschung), 2015, "German Nuclear Phase-Out Enters the Next Stage: Electricity Supply Remains Secure-Major Challenges and High Costs for Dismantling and Final Waste Disposal," *Economic Bulletin*, 22+23, 293-301.

第4章

- Ethik-Kommisiion Sichere Energieversorgung, 2011, *Deutschlands Energiewende, Ein Gemeinschaftswerk für die Zukunkft*.（吉田文和、ミランダ・シュラーズ訳『ドイツ脱原発倫理委員会報告』大月書店、2013年）
- Ulrich Beck, 1997, *Weltrisikogesellschaft, Weltöffentlichkeit und Globale Subpolitik*, Picus Verlag.（島村賢一訳『世界リスク社会

論――テロ、戦争、自然破壊』平凡社、2003年）
・吉田文和・吉田晴代「原子力をめぐるリスクと倫理」『科学』2012年1月号。
・熊谷徹『ドイツ人はなぜ、1年に150日休んでも仕事が回るのか』青春出版社、2015年。
・Reaktor-Sicherheitskommission, 2011 "Anlagenspezifische Sicherheitsüberprüfung (RSK-SÜ) deutscher Kernkraftwerke unter Berücksichtigung der Ereignisse in Fukushima-I (Japan)."

補論1

・Fumikazu Yoshida eds., "A Comparison of Japanese and German Approaches to Denuclearization and the Transformation of the Energy System: A Review of a Conference held in Berlin," 北海道大学『経済学研究』第64巻第2号、2014年。

第Ⅱ部

第1章

・竹濱朝美「ドイツにおける風力発電の給電データ開示制度と系統運用の現状」『風力発電協会誌（JWPA）』第9号、2013年。
・経済産業省『エネルギー白書』2011年。
・Bundesministerium für Wirtschaft und Energie (BMWi), 2014, Die Energie der Zukunft, Erster Fortschrittsbericht zur Energiewende.
・Bundesministerium für Wirtschaft und Energie (BMWi), 2015, Die Energie der Zukunft, Vierten Fortschrittsbericht zur Energiewende.
・Expertenkommission zum Monitoring-Prozess, 2014, "Energie der Zukunft, Stellungnahme zum ersten Fortschrittsbericht der Bundesregierung für das Berichtsjahr 2013."
・Expertenkommission zum Monitoring-Prozess, 2015, "Energie der

Zukunft, Stellungnahme zum ersten Fortschrittsbericht der Bundesregierung für das Berichtsjahr 2014."

・Bundesministerium für Wirtschaft und Energie (BMWi), 2014, "Mehr aus Energie Machen, Nationaler Aktionsplan Energieeffizienz."

・Bundesministerium für Wirtschaft und Energie (BMWi), 2014, "Bericht des Bundesministeriums für Wirtschaft und Energie nach § 63 Abs. 2a EnWG zur Wirksamkeit und Notwendigkeit der Maßnahmen nach den §§ 13 Abs. 1a und 1b, 13a-c und 16 Abs. 2a EnWG."

・Heinz-J. Bontrup, Ralf-M. Marquardt, 2015, *Die Energiewnede, Verteilungskonflikte, Kosten und Folgen*, PapyRossa Verlag.

・IEA (International Energy Agency), 2013, *The Power of Transformaiton.*（邦訳『電力の変革』NEDO, 2014年）

第２章

・竹ケ原啓介（2015）「ドイツFIT徹底解説」『Nikkei Energy Next』2015年７月号。

・渡邊富久子（2012）「ドイツの2012年再生可能エネルギー法」『外国の立法』252, 80-136頁。

・渡邊富久子（2014）「ドイツにおける2014年再生可能エネルギー法の制定」『外国の立法』262, 72-109頁。

・吉田文和（2015）「ドイツの再生可能エネルギー制度改革」『環境経済・政策学研究』第８巻第１号, 37-49頁。

・Stefen Weitemeiyer et al., 2015, "Integration of Renewable Energy Source in future power systems: The role of storage," *Renewable Energy*, 75, 14-20.

・BMWi, 2014a, Expertenkommission zum Monitoring Prozess, Stellungnahme zum zweiten Monitoring-Bericht der Bundesregierung für das Berichtsjahr 2012.

· European Commission, 2014a, Energy Prices and Costs Report.
· BMWi, 2014b *Zweiter Monitoring-Bericht "Energie der Zukunft."*
· Germanwatch, 2011, *Warum sich die Energiewende rechnet.*
· Umweltbundesamt, 2014, *Umweltschädliche Subventionen in Deutscheland, Akutualisierte Ausgabe 2014.*
· Johanna Cludius et al., 2014, "The Merit Order effect of Wind and Photovoltaic Electricity Generation in Germany 2008-2016," *Energy Economics,* 44, 302-313.
· Agora Energiewende, 2014, The German Energiewende and its Climate Paradox.
· Tveten A. G., 2013, "Solar Feed-in Tariffs and the Merit Order Effect; A Study of the German Electricity Market", *Energy Policy,* 61, 761-770.
· Öko-Institut, 2013, *Analyse der EEG-Umlage 2014.*
· Vorbereitung und Begleitung der Erstellung des Erfahrungsberichts 2014 gemäß § 65 EEG, 2014, Vorhaben IIa Stromerzeugung aus Biomasse.
· Agora Energiewende, 2015a, Current and Future Cost of Photovoltaics, Preface.
· Agora Energiewende, 2015b, Die Entwicklung der EEG-Kosten bis 2035.
· Bundesnetzagentur und Bundeskartellamt, Monitoringbericht 2014.
· Bundesministerium für Wirtschaft und Energie (BMWi) 2014c, Information zur Stellungnahme Deutschlands im Hauptprüfverfahren EU Kommisiion zum EEG.
· BDEW (Bundesverband der Energie- und Wasserwirtschaft), 2015, Erneuerbare Energien und das EEG; Zahlen, Fakten, Grafiken (2015).
· BMWi,2014d, Gesetz für den Ausbau erneuerbarer Energien

(Erneuerbare-Energien-Gesetz-EEG2014).
・BMWi, 2014e, Bericht des Bundesministeriums für Wirtschaft und Energie nach section 63 abs.2a EnWg zur Wirksamkeit und Notwendigkeit der Massnahmen.
・European Comission, 2014b, *Guideline on State Aid for Environmental Protection and Energy 2014-2020.*

第3章

・Thomas Ackermann ed., 2012, *Wind Power in Power Systems,* 2nd ed.（一般社団法人日本風力エネルギー学会訳『風力発電導入のための電力系統工学』オーム社、2013年）
・IEA, 2011, The International CHP/DHC Collaborative（熱電併給/地域冷暖房に関する国別評価）：デンマーク編、ドイツ編。
・コージェネレーション・エネルギー高度利用センター編『コージェネレーション白書2012』日本工業出版、2012年。
・日本貿易振興機構（ジェトロ）海外調査部「欧州の熱電併給に関する市場および政策の動向――ドイツ・英国・フランスを中心に」2013年。
・吉田文和、佐野郁夫、荒井眞一「海外の熱電併給（CHP）制度調査報告――ドイツ・デンマークを中心に」『人間と環境』第40巻第3号、2014年。

第4章

・IEA, 2013, *Transformation of Power.*（邦訳『電力の変革――風力、太陽光、そして柔軟性のある電力系統の経済的価値』NEDO, 2014年）
・有限責任監査法人トーマツ『平成26年度新エネルギー等導入促進基礎調査（再生可能エネルギー導入拡大のための広域連携インフラ強化等に関する調査）』2015年。
・Bundesministerium für Wirtschaft und Energie（BMWi), 2014,

Ein Strommarkt für Energiewende (*Grünbuch*).
・Institut für ökologische Wirtschaftsforschung (IÖW), 2015, Road Map for Transition: Vattenfall 2030.
・BMWi, 2015, *Ein Strommarkt für die Energiewende, Ergebnispapier des Bundesministeriums für Wirtschaft und Energie* (*Weißbuch*).
・Politische Vereinbarungen der Parteivorsitzenden von CDU, CSU und SPD, 2015, "Eckpunkte für eine erfolgreiche Umsetzung der Energiewende," vom 1. Juli 2015.
・Bloomberg New Energy Finance, Energy Japan whitepaper, 2015年6月2日付.
・Umweltbundesamt, 2014, *Umweltschädliche Subventionen in Deutscheland, Akutualisierte Ausgabe 2014.*

第Ⅲ部

第1章

・Renews Special「ドイツにおける木質バイオマスエネルギー」ドイツ・再生可能エネルギー・エージェンシー、2014年。
・環境省「平成22年度再生可能エネルギー導入ポテンシャル調査報告書」2011年、第4章。
・環境省「平成23年度再生可能エネルギー導入ポテンシャル調査報告書」2012年、第4章。
・北海道「新エネルギー導入拡大に向けた基本方向について」2014年6月20日。
・ラウパッハ・スミヤ・ヨーク、中山琢夫「再生可能エネルギーが日本の地域にもたらす経済効果——電源毎の産業連鎖分析を用いた試算モデル」立命館大学イノベーション・マネジメント研究センター、Discussion Paper Series, No.25、2015年。
・環境省総合環境政策局環境計画課『環境産業の市場規模・雇用規模等についての報告書（2013年度版）』、2015年。

・吉田文和・村上正俊・石井努・吉田晴代「バイオガスプラントの環境経済学的評価――北海道鹿追町を事例として」『廃棄物資源循環学会論文誌』第25巻、57-67頁、2014年 。
・内村鑑三『後世への最大遺物・デンマルク国の話　改版』岩波文庫、2011年。
・吉田文和・吉田晴代「再生可能エネルギーと地域経済」吉田文和・荒井眞一・佐野郁夫編著『持続可能な未来のためにⅡ――北海道から再生可能エネルギーの明日を考える』北海道大学出版会、2014年、第４章。
・齋藤純子「ドイツの児童手当と新しい家族政策」『リファレンス』2010年９月号。
・吉田恵子「ドイツの少子化対策」『ニュースを追跡』2007年２月14日（ドイツニュースダイジェスト　201http://www.newsdigest.de/newsde/archive/featured/64-650.html）。
・trend: research Institut/Leuphana Universität Lüneburg 2013, Definition und Marktanalyse von Bürgerenergie in Deuchland.
・Thorsten Agemar et al., 2014, "Deep Geothermal Production in Germany," *Energies,* 2014, 7, 4397-4416.
・Bundesministeriums für Umwelt, Naturschutz, Bau und Reaktorsicherheit (BMU), 2012, Renewably Employed.
・Forschungsvorhaben des Bundesministeriums für Wirtschaft und Energie, 2014, Beschäftigung durch erneuerbare Energien in Deutschland: Ausbau und Betrieb-heute und morgen, dritter Bericht zur Bruttobeschäftigung.
・Dietmar Edler, 2015, "Economic Impacts of German Energy Turnaround-Quantitative Insights, Energy Transitions around the World," Workshop organized by FFU for "Helmholtz Alliance Energy-Trans."
・Energiegenossenschften, Ergebnisse der DGRV-Jahresumfrage, zum 31.12.2014.

・Institut für ökologische Wirtschaftsforschung (IöW), 2010, Kommunale Wertschöepfung durch Ereuerbare Energien.
・Andresas Prahl, 2014, "Renewable Energies Imapact on Value Added and Employment in Germany," Community Power Conference, February, Fukushima.

第2章

・吉田文和『循環型社会』中央公論新書、2004年。
・吉田文和・荒井眞一・佐野郁夫編著『持続可能な未来のためにⅡ――北海道から再生可能エネルギーの明日を考える』北海道大学出版会、2014年。
・稚内市長・工藤広「再生可能エネルギー導入による地域へのメリット等について」2014年10月15日、総合資源エネルギー調査会 省エネルギー・新エネルギー分科会 新エネルギー小委員会(第5回)。
・吉田文和・吉田晴代「再生可能エネルギーは地域に何をもたらすか――ドイツと日本の風力発電を事例として」『環境と公害』第43巻第4号、2014年。
・BWE, 2012, Community Wind Power: Local energy for Local People.
・Johann H. Smid, 2010, Von den Windmühlen zu den Windkraftanlagen, SKN Druck und Verlag.
・Dr. Michael Steiner, "100% Renewable Energy Supply for Cities and Nations," European Union, Sustainable Energy Week March 2010.

吉田 文和（よしだ・ふみかず）

1950年生まれ、兵庫県出身。京都大学大学院経済学研究科博士課程修了、経済学博士。北海道大学経済学部講師、同助教授、同教授、北海道大学大学院経済学研究科教授、北海道大学公共政策大学院教授を経て、2015年より愛知学院大学経済学部教授。北海道大学名誉教授。北海道環境審議会会長、北海道地区温暖化対策推進会議会長などを歴任。専門は、環境経済学、産業技術論。著書：『ハイテク汚染』（岩波新書、1989年）、『環境経済学講義』（岩波書店、2010年）、『グリーン・エコノミー——脱原発と温暖化対策の経済学』（中公新書、2011年）、『脱原発時代の北海道——これからのエネルギーの話をしよう』（北海道新聞社、2012年）、『脱原発と再生可能エネルギー——同時代への発言』（北海道大学出版会、2015年）など多数。

ドイツの挑戦《ちょうせん》

エネルギー大転換の日独比較

2015年12月20日　第1版第1刷発行

著　者 —— 吉田文和
発行者 —— 串崎　浩
発行所 —— 株式会社日本評論社
〒170-8474　東京都豊島区南大塚3-12-4
電　話　03-3987-8621（販売）03-3987-8595（編集）
振　替　00100-3-16
URL　http://www.nippyo.co.jp/
印　刷 —— 精文堂印刷株式会社
製　本 —— 株式会社難波製本
装　幀 —— 菊地幸子

Printed in Japan, ISBN978-4-535-55841-0